マイヤ・プリセツカヤ

闘う舞姫とその時代

高山 智 著

EURASIA LIBRARY

ユーラシア文庫
11

目次

マイヤ・プリセツカヤ
――闘う舞姫とその時代――

プロローグ　政治と芸術の狭間で

マイヤ・プリセツカヤ（以下、マイヤ、敬称すべて略）。「二十世紀最高のバレリーナ」と評された稀代のプリマである。早くから「モスクワ・ボリショイ劇場の名花」とうたわれながら、長く出国を許されず、西側世界のひのき舞台にお目見えしたのは三三歳になってのことだった。一九五九年、ニューヨーク・メトロポリタン・オペラ劇場公演がそれである。体制の壁と闘いながら、ようやく勝ち取った本格的な国際デビューであった。

七十三日にわたったこの米国公演はバレエファンの間だけでなく、広く全米各界を揺るがす反響を呼び、マイヤを「バレエ界のマリア・カラス」と絶賛した米紙もあった。彼女見たさに全米の公演先についてまわる「追っかけ」ファンまで現れた。そして連夜のパーティー攻め。そこでレナート・バーンスタイン、オードリー・ヘップバーンをはじめ、数多くの著名人とも知り合いになった。

彼女が世界各地の舞台に立つようになって以降、どの国のどんなバレリーナも、マイヤの極めた芸の高みを意識せざるをえなくなった、といわれる。日本をこよなく愛し、「第二のふるさと」と呼んで何度も公演に訪れた。親しくされた方々も少なくないであろう。

人生でただ一度きりだが、私も彼女と対座する機会をもったことがある。ところはモスクワ、三十五年も昔、ソ連時代の一九八三年二月一七日のことだ。日付まではっきりしているのは、別れ際に彼女からいただいた本に、この日付とサインを入れてくれたからである（左ページの写真）。スターリン死後の「雪どけ」期からのソ連を代表する詩人の一人、アンドレイ・ヴォズネセンスキーの長詩「プリセツカヤの肖像」のほか、彼女を称える六人の文章を集めた本（一九七九年、モスクワ・プログレス出版）である。

当時、私は朝日新聞の特派員としてモスクワに駐在していた。マイヤと出会ったのは、小和田恒公使の主宰する日本大使公邸での小宴の場。ソ連の学者、芸術家ら十人ほどを招いての夕べに、私も妻とともに呼ばれた。ホスト側の応援ということだったかもしれない。二時間あまりにわたったこの夕べのことは、まる五年におよんだモスクワ暮らしのなかでも際立った思い出の一つになっているのだが、いまになって振り返ると、いささかほろ苦い思いもこみ上げてくる。会ったその時点ではマイヤが過去に強いられた過酷な体験を何も知らぬまま、ありきたりのやりとりに終始してしまったからである。

彼女もまた、一九三〇年代半ばからソ連全土に吹き荒れたスターリン粛清により肉親を奪われた受難家族の一人だった。父は銃殺、母は生まれたばかりの末弟ともども収容所に送られた。十一歳になっていたマイヤは孤児院送りとなるところを、バレリーナだった叔母が養女として引き取ってくれ、バレエの勉強を続けることができた。認められてボリショイ・バレエに入団、めきめき頭角を表すものの、「人民の敵」の娘として、いわれのない差別を受け続けた。栄光の座は、天

賦の才能だけでやすやすと手に入れたものではない。そこに至るまでには、政治や社会との不断の闘いと、人知れぬ努力、修練の積み重ねがあった。

そういう個人史を私が知ったのは、彼女がソ連邦崩壊後の一九九四年に出した自伝（『私はマイヤ・プリセツカヤ』、邦訳版『闘う白鳥』）を読んでのことだった。

特派員時代、ロシア・バレエを見る機会は何度かあった。世界バレエ史上並ぶものなし、とされるマイヤの「瀕死の白鳥」も、ほかならぬボリショイ劇場の舞台で目の当たりにした。神々しいまでに美しく、気高く、悲愁をたたえた白鳥の最期。満場かたずを飲む静寂。そして弾けるように湧き起こる歓声、総立ちの拍手。至高の芸だった。こういうものを生み出すソヴィエト芸術はやはりすごい、と思わざるをえなかった。それなのに、彼女を長く苦しめてきた身内の悲劇などは何も知らずにいたのである。情報統制の厳しい共産体制下の時代だったとはいえ、うかつなことであった。

バレエ界の事情に疎いそんな私が、今更この天才バレリーナの何を書こうとするのか。狙いはただ一点、茨の道をたどらされた彼女の人生をソヴィエト・ロシア政治社会史の文脈のなかで洗い直すことで、意外に知られていないと思われる権力者や文化行政当局との闘い、駆け引きの模様をより鮮明にできないか、ということにある。

実際、彼女の一挙手一投足にソ連治安当局は絶えず目を光らせ、昼夜にわたって尾行を続けたことさえある。ときにはその奔放な言動がクレムリン最高指導部に報告され、政治局につどう権力者たちの討議の対象になったことも。彼女が意識する以上に、マイヤ人気のもつ社会的影響力を警戒していたのである。

そのマイヤも二〇一五年五月二日、滞在先のドイツ・ミュンヘンで心臓発作のため、波乱に満ちた八十九年の生涯を閉じた。そのあとロシアでは、いまや伝説となりつつある彼女の人と芸術を追想する読み物が相次いで刊行されている。「知られざる秘話」がこれからも明らかになってくるだろう。そのなかのごく一部にしか目を通してはいないのだが、マイヤとわずかながらも接点を持った元特派員として、政治と芸術の狭間で苦闘したこのバレリーナの歩み、わけても共産党権力との確執の実情を自分なりの視点からたどっていきたい。

第1章　出会い　招かれたソ連文化人たち

日本大使公邸での小宴

日本大使公邸にマイヤたちが招かれた日は、長くトップの座にあったレオニード・ブレジネフ書記長の死去（一九八二年十一月十日）から三ヶ月余り、後継ユーリー・アンドロポフ政権が何か前向きの変化をもたらしてくれるのではないか、といった期待感が体制内エリート層を中心に広がりつつあった時期である。そういう空気も手伝ったのだろう。招きに応じて現れた学者、芸術家たちの顔ぶれもなかなかに華やかであった。

その夕べの模様を当時の日記とメモ類をもとに再現してみよう。ソ連側の客人はほぼ十人、マイヤのほか、その夫で作曲家のロディオン・シチェドリン、故アレクセイ・コスイギン首相の娘で国立外国文学図書館長のリュドミラ・グヴィシアニ、その夫のジェルメン・グヴィシアニ科学技術国家委員会副議長、エフゲニー・プリマコフ科学アカデミー東洋学研究所長夫妻、同米国カナダ研究所副所長（氏名失念）、ボリショイ楽団指揮者のファト・マンスロフとその娘らである。

そのうち私の知り合いはプリマコフだけだった。東洋学研究所には取材で出入りし、所長の彼にも挨拶したことがあった。元々はジャーナリスト、国営ラジオ特派員として中東に駐在し、イラクのサダム・フセインとも親しい関係だったとか。その後学界に転じていた。その彼が、ソ連邦崩壊後にボリス・エリツィン大統領のもとで外相、首相として活躍することになろうとは。

ホスト側は、小和田公使夫妻以下、大使館の書記官が夫人連れで数組、そこに民間から私たちが加わってやはり十人余り、総勢二十数人が三つの円卓にそれぞれ指定の席についたのだが、私には願ってもない席があてがわれた。左隣がリュドミラ、その向こう時計回りにマイヤ、シチェドリン、大使館のN書記官夫妻、同プレスアタッシェのM書記官といった顔ぶれだった。

妻の雅子は大使館の通訳官つきで別の円卓に回され、プリマコフ夫妻らと同席、リュドミラの夫グヴィシアニは小和田公使夫妻のメインテーブルに迎えられた。閣僚クラスの扱いを受ける、学界の大立者だったからでもあろう。

コスイギン前首相令嬢とプリマ・バレリーナ

その夕べのことで忘れられないのは、リュドミラとマイヤから質問攻めに会ったこと。新聞記者の話のほうがわかりやすいと思われたのか、わが円卓ではかなりの頻度で私が矢面に立たされた。

質問の口火を切ったのはリュドミラ。「外国文学は日本で読まれているのか」。職掌柄、当然の関心だったろう。そうした立場の人に、通り一遍の答えは通用しまい。拙いロシア語ではあったが、思いつくままに説明に務めた。

すると、こんどはマイヤから「新聞とテレビの影響力は日本ではどちらが大きいのか」。こちらも簡単に答えられる問いではない。

どう答えたのか。後刻書きとめておいたメモによると、リュドミラには、明治維新以降に高まった西欧崇拝熱も手伝って外国文学は大いに読まれ、わけてもトルストイ、ドストエフスキー、チェーホフなどのロシア文学は知識人たちに強い影響をあたえた、というような話をしている。

マイヤの質問には、戦争体制下に自由を奪われた新聞が戦後、息を吹き返し、全盛期を迎えるが、一九六〇年代以降、テレビが普及し新聞と肩を並べる存在に成長している、他方でテレビに対しては番組内容の低俗化が近年言われ信頼度は新聞のほうが高い、などと伝えた。日本のことならなんでも知りたいというように、真剣な眼差しで耳を傾ける彼女が印象的だった。シチェドリンはとくに口は挟まなかったが、やはりこちらを見つめて聞いてくれているようだった。

それで終わりではなく、またもリュドミラから意外な問い。就任したばかりだった中曽根康弘首相について「前任者（鈴木善幸首相）とどう違うのか」。中曽根首相は、その一ヶ月ほど前、訪問先の米国で「日本列島を（敵性国機の侵入を許さぬ）不沈空母のような存在にする」と発言、それをソ連メディアは「米国との軍事同盟に進む動き」として非難していた。国家指導者だった人物の娘として、彼女もそうした内外の動きが気になっていたのだろう。私は外交官ではではないから、ものは言いやすい。自分なりの中曽根観を率直に話した。

そんなこんなで、こちらから質問をぶつける余裕もなかったのだが、リュドミラにはかねてから抱いていたコスイギン観を伝えた。「あなたの父上を高く評価していました。とても知的で有能な人でした。好感を持っていましたよ」と。彼女は感動をおもてに表して「スパシーバ（ありがとう）、スパシーバ」と、二度ほど頭を下げた。

その二年前、「健康上の理由」から首相の職を辞し、ほどなく死去（享年七六）したアレクセイ・コスイギン。その父を彼女はだれよりも慕い、誇りに思っていたのだろう。後年、父の思い出を綴った文章からも、父娘の絆がどれほど強かったかが伺える。散歩などの折、クレムリン政治の機微に触れる話まで父から聞かせてもらっていたようなのである。

私のコスイギン観に、マイヤもまた頷いていた。彼女は彼女でコスイギンに好もしい感情を抱く理由があったようだ。それをうかがわせる場面が自伝に出てくるので、のちに触れる。

別れ際に、彼女が本をくれたのは、「汗をかいた」私へのねぎらいだったのだろうか。

コスイギンとブレジネフ

私はリュドミラに心にもないお世辞を言ったつもりはない。クレムリンの長老たちの中では、コスイギンが知性、バランス感覚、行政手腕のどの面でも他より信頼できそう、と日ごろ感じていた。

彼の首相辞任に際しその背景を解説した記事（一九八〇年十月二四日付「朝日新聞」夕刊）のなかでも、ブレジネフ書記長との関係をめぐり、次のように書いた。「当時、コスイギン氏の大衆レベルや政府部内での人気、国際的知名度は絶大で、政策路線上の対立はあったとはいえ、ブレジネフ派としても信望と手腕は軽視できぬものがあったろう」。

ここでいう「当時」とは、一九六〇年代後半以降の時代を指す。あの時代の状況を少し説明しておきたい。

スターリンの死後、権力の座につき第一書記と首相を兼ねるまでになっていたフルシチヨフは、一九六四年十月、クレムリンの同僚らによる宮廷クーデターによって追い落とされた。経済不振からの脱却を焦るあまり、思いつきの機構いじりや気ままな人事を乱発するフルシチョフ。そういう彼への不安、不信が周りを「フルシチョフ追い落とし」に結集させた。第一書記（やがて「書記長」の旧名に戻る）の後釜に担がれたのがブレジネフ。政治上の実績というより、党歴と、自分の意見を持たぬ「おおらかな」人柄が同僚たちの安心を誘ったからだと言っていい。

首相を引き継いだのがコスイギン。こちらは経済テクノクラートとし早くから嘱望され、行政経験、実績とも豊かであった。独ソ戦争の際にはロシア共和国首相として、ヨーロッパ・ロシア部の企業、工場群をウラル以東へ大疎開させるという難事業を成し遂げてもいる。

ブレジネフとのコンビで政権を担うようになってからも、当初はコスイギンの動きの方が国の内外で目立った。「コスイギン・ブレジネフ政権」と報じた海外メディアもあった。翌六五年の共産党中央委員会総会では、長くタブーとされてきた利潤の部分導入を目玉とする、当時としては画期的な経済改革を提案し、実践の先頭に。それは「コスイギン改革」

と呼ばれ、西側世界のメディアでも喧伝された。

外交の表舞台に立ったのも彼である。ベトナム戦争への対応をめぐる毛沢東主席との会談（六五年二月、北京）、カシミール帰属をめぐって争うインド、パキスタン両国首脳を招いての調停成功（六六年一月、タシケント）、一九七〇年代のデタント（東西緊張緩和）への布石となったジョンソン米大統領との首脳会談（六七年六月、米国グラスボロ）。もう覚えている人も少ないだろうが、どれもが世界で大きく報道され、コスイギンの存在感を際立たせたものだった。

しかし、ソ連体制の常として共産党中枢を握る方が勝つ。ブレジネフ人脈なるものが次第に力を得、七〇年代に入ると、コスイギンと彼に率いられる政府部門の影は薄くなっていく。

緒についた経済改革もやがて失速した。利潤指標を導入すれば、その分企業の自主裁量範囲が増す。それは同時に、企業運営の細々したことにまで口出ししてきた党機関の権限縮小につながる。中央集権体制の堅持を金科玉条とする党官僚層は執拗に抵抗し、コスイギン改革の骨抜きをはかった。真に経済改革を進めようとするなら、合わせて政治機構にもメスを入れねばならなかったのだが、荒療治を嫌うブレジネフらの支持を得られるはずもなかった。

結果、経済システムのひずみは解消されぬまま存続し、六〇年代までは曲がりなりにも維持してきた成長率も見る見る下がり出す。コスイギンが亡くなる前年、七九年秋の当中央委員会総会の場でブレジネフは、経済実績の目に余る不振に言及し、政府閣僚十数人を名指しで批判した。間接的なコスイギン批判であった。しかし、元をただせば責任は書記長、あなた自身にあるのではないか、といった皮肉な思いがこの総会の動きを報じた当時の私にはあった。リュドミラに伝えたコスイギン評価は、裏を返せばブレジネフへの批判でもあった。

マイヤには申し訳ないことだが、あの夕べ、私の関心はまずリュドミラにあった。

常駐特派員の仕事は、なにより任地の政治、外交、経済や社会の動きを追うことにある。当時のソヴィエト社会主義共和国連邦は、その内実はともかく、外見には米国と肩を並べる「超大国」とされていた。世界からの注目度は、いまのロシアの比ではなかった。しかし、外国特派員への監視は厳しく、とりわけクレムリンの権力者たちの動静となると、確たる情報はなかなか掴めなかった。チャーチルがかつていった「謎の中の謎のまた謎」というほどではなくなっていたにせよ、クレムリン情報となると群盲象を評す、の感は否めなかった。それでも自分なりにアンテナを張り巡らせて口コミ情報を集めたり、ソ連のメディア報道や学術論文を分析したり、日々、あくせくさせられていた。亡くなったとはいえ、コスイギンはつい二年前まで十六年間も首相の座にあった。その娘さんと隣り合わせに座れたのだから、故首相のことを話題にせずにはいられなかったのである。

文化統制への不満

マイヤのような高名なバレリーナと同席できたのは、もちろん嬉しく、光栄でもあった。幸いにもボリショイで、あの、「バレエ史上の奇跡」とまで讃えられる彼女の「白鳥」もみていた。でもあの場でのバレエ談義は、よくボリショイに出かけているらしい外交官たちに譲った。

その日のやりとりから感じ取れたのは、リュドミラとマイヤが旧知の間柄であること、そしてシチェドリンを含め、そろって当局の文化行政に批判的であるらしいということだった。マイヤ自伝を読んで、そうした官僚不信が私の感じた以上に強烈なものであった、と知った。

第2章　大粛清の突風　吹き散らされた一家

独裁者死してなお恐怖感

自伝『私はマイヤ・プリセツカヤ』は、人の手を借りずにすべて自ら書きあげた。タイプ打ちではなく手書き。多忙な日々の合間に、仕事先でも頭に閃いた事柄を書き綴る。そんな姿を東京のホテルの部屋でよく見かけた、と語るのは彼女が来日するたびに通訳兼秘書として付き添った清水史子である。「こんなものを書いているの」と見せてもらったこともあったという。

マイヤの文章の何よりの魅力は、奔放に描き出される回想シーンの躍動感と、登場する人々の心理描写の妙にあるといっていい。その人たちへの好悪の感情も包み隠さずに書く。

だから、公刊後、毀誉褒貶、大変な反響をロシア社会に巻き起こした。数々の批判も踏まえ、二〇〇七年には続編にあたる『十三年後』（未邦訳）を公にしたが、思うところを歯に衣を着せず吐露する姿勢は変らなかった。

正続編とも史料考証を重ねたうえでの学問的記述ではない。時系列や事実関係の判然としないところもある。そうした部分はこちらでできる限り補正し、脈絡をつける。でもこれが優れた人間記録であることには変わりない。時代と人々の生き様を、読むものにまざまざと印象づける表現力はやはり天性の芸術家ならでは、というほかない。

例を挙げよう。独裁者スターリン死去（一九五三年三月五日）の三日後、告別式の場で自らが経験した「恐怖の一瞬」を、彼女は生々しく紹介する。

場所はクレムリンに近い組合会館。その昔「宮廷会議」の広間だったという、そこの列柱大ホールに独裁者の遺体は安置され、その脇を弔問者の列が引きも切らずに続く。その列の中にマイヤもいた。スターリン生誕七〇年記念コンサート（一九四九年十二月二一日）に出演した一人として彼女にも「貴重な通行証」が与えられたのだ。柩に近づいたその時、背後から突然、男の声が囁いた。「もう君は誰も恐れなくていい」。背筋を冷たい戦慄が走り、体が凍りつく。振り返ることもできなかった。罠かも、誰かに試されているのかもしれない、と感じたからである。

そう疑わざるをえないほどにスターリン時代の社会には密告者がはびこった。「人民のなかに仮面を被って潜む裏切り者を見逃すな」と上から炊きつけられ、それに盲従する国民がたくさんいた。己の保身や出世欲、あるいは私怨や嫉妬心から上司や同僚を売り、極端な場合には身内まで陥れる、そんな人間も少なくなかったのである。

それでもスターリンは、マイヤにとっても半ば神格化された存在になっていたから、その死は青天の霹靂《へきれき》だった。導き手を失ったこの国はこれからどうなるのか、と不安を抱きつつ夕刻帰宅すると、意外にも母ラヒリは陽気そのもの。台所の料理を運びながら喜びを隠しきれぬ様子でいった。「とうとうくたばったのね、独裁者が」。マイヤは再び身震いする。誰かに聞かれたらどうするの。

実際、まだ油断できなかった。スターリンが死んだ翌日、モスクワの電車の中で、酔った男が「今日はすばらしい日だ。ならず者が一人減った」と口走ったのを通報され反ソ宣伝扇動罪で有罪となった。似たようなケースの摘発がソ連のあちこちから報告されている。

隠された父の銃殺

　スターリン死す、の報に接したときのラヒリの気持ちは理解できる。夫ミハイル・プリセツキーは一九三七年五月、内務人民委員部（内務省）に逮捕され、祖国を裏切った「人民の敵」として翌三八年一月七日銃殺された。無実だったのだが、後ほど詳しく述べるように、どんな弁明も受け入れてもらえる状況ではなかった。しかも、彼の死は家族には知らされず、ラヒリはその後も長く夫の生存を信じようとしていた。

　マイヤをめぐる家族関係を、母方から見ておこう。ラヒリは一九〇二年、ロシア帝国下にあったリトアニアのヴィルノ（現ビリニュス）でユダヤ人歯科医メンデル・メッセレルと母シーマの次女として生まれた。夭《よう》折した長女に代わり長女として育てられる。その後、両親とともにモスクワに移住、父は歯科を開業、繁盛した。彼は十人の子供たちそれぞれに旧約聖書に因む名前をつけた。ラヒリはモスクワの国立映画大学を出てサイレント映画のスター女優に。彼女の下には五人の弟妹がいて一歳下の弟アサフと、六歳下の妹スラミフィ（以下、愛称ミータ）はバレエの道に進み、ともにボリショイを代表するスター・ダンサー、スター・バレリーナとなった。この二人の存在が、夫の連行でとり残され、さらなる不幸の追い打ちがかかるラヒリたち一家の強い支えとなる。その事情も後述する。

ラヒリはまだ学生だったとき、同級生の兄で、三歳年長の技術者ミハイル・プリセツキーと結婚、二人の間に一九二五年十一月に生まれたのが、マイヤ・プリセツカヤである。その六年後に弟アレクサンドルが、さらに父が連行されたあとに末弟アザーリが生まれた。この弟たちものちにバレエ界入りする。

マイヤの自伝（邦訳版）には、平和で幸せだった時代の家族写真が一枚だけ載っている。三歳の頃のマイヤを中にしたミハイルとラヒリ。そこにみられるミハイルは、聡明そうな瞳をもつ好男子。その夫の突然の死を、ラヒリが信じられなかったとしても不思議ではない。

父が連れ去られたとき十一歳だったマイヤは、「パパは遠いところにいる」としか周りから知らされていなかった。父方の祖母、叔父、叔母がレニングラード（現サンクトペテルブルグ）で暮らしていて、マイヤを不憫に思ったのだろう。時折呼び寄せては代わる代わる善意の作り話を吹き込んだ。「北極探検隊に参加していて元気だよ」とか、「お前を励ますよう伝えてくれと手紙が届いたよ」とか。

信じやすかったマイヤも、数年後にはどれも真実ではなさそう、と思うようになった。しかし、父の死の真相を彼女が本当に知るのは、実に逮捕、処刑から半世紀後、ゴルバチョフ政権の時代になって届いた名誉回復証明書（一九五六年三月三日付）によってであった。それには処刑日とともに、無実の父を有罪に追い込んだ二人の捜査官の氏名も明記されていた。私が会った一九八三年には、まだ父の命日さえ知らされていなかったことになる。家族への通知がこんなに遅れたのはなぜか。後にスターリン批判の問題を取り上げる際に、考えられる理由を書く。

母も強制収容所へ

ミハイルが連行された後も一家の受難は続いた。夫の釈放を求めて内務省などへの陳情に走り回っていたラヒリまでが十ヶ月後の翌一九三八年三月初めのある夜、姿を消したのだ。その晩、彼女はマイヤ、アレクサンドルを伴って妹ミータの「眠れる森の美女」公演を見にボリショイ劇場に行ったのだが、終演後、子供たちの気づかぬうちに公安警察によりモスクワのブティルキ刑務所に連行された。

捜査官はすでに処刑されていたミハイルがなお生きているかのように装い、「夫の犯行を認めよ」と執拗に迫った。しかし断固拒絶。偽りの供述書への署名も拒み通した。そこには「夫はスパイで、スターリン暗殺の陰謀に加担しました」などと、でたらめが印刷してあった。そして裁判もないままに、捜査官から強制収容八年を言い渡された。

「人民の敵」の烙印を押された者の妻は、夫の「罪状」に関わりがあろうとなかろうと、一律に逮捕、強制収容（五〜八年）に処す、という作戦命令が前年八月、ニコライ・エジョフを長とする内務人民委員部から出されていた。スターリン粛清の実行部隊長として悪名高い、あのエジョフである。

ラヒリは、乳飲み子アザーリを抱えたまま強制収容所（ラーゲリ）送りに。家畜輸送車並みのボロ車両に数十人もが詰め込まれ、それが十数両も連なって走る女囚護送列車。長旅の末に行き着いた先は、カザフスタンの荒涼とした大草原（ステップ）に急造されたアクモリンスク女囚特別強制収容所だった。カザフ中部の都市アクモリンスク（現カザフ共和国首都アスタナ）の郊外に、あの時代各地につくられたラーゲリ群のなかでも、規模において三指に入るとされる、その女囚収容所はあった。

ここでの囚人たちの日常がどれほど過酷で非人間的なものだったか、ソ連崩壊後、公開されるようになった極秘記録や、元女囚たちの回想から明らかになってきている。

広大な用地を取り囲む二重の有刺鉄線。ところどころに立つ監視塔。彼方から聞こえる犬の吠え声。一九三八年一月、開所して間もない収容所の前に着いた女囚第一陣が、まず目にし、耳にしたものはそんな光景、物音であった。はるばるモスクワなどから運ばれてきた女性たち、多くがソ連社会のエリート層に属した人々である。その日は折悪しくシベリア寒気団の到来で氷点下四十度（摂氏）の酷寒。自動小銃を抱えた監視兵や、吠える監視犬に追い立てられて収容所ゲートをくぐると、やはり刺すような視線を向ける武装監視兵の隊列。すでに日は落ちてあたりは夕闇に包まれ始めていた。

藁とレンガでつくられた粗末な大型バラックが六棟。そこに二五〇～三〇〇人ずつが詰め込まれる。壁板に二段、三段重ねで板寝床が取り付けられていた。最上段にはガラスのない窓。そこにはボロ切れで栓がしてあった。長い洗面台が建物内にあったが、使える水は一人につき週にバケツ一杯。

トイレは外。用を足すにも女囚二人ずつ、収容所構内にある、粗末な板張りトイレまで監視兵に伴われての往復。「とりわけ危険」とされた政治犯やその家族への扱いは一般刑事犯より厳しかった。一昼夜二回の点呼があり、外との文通、小包の受け取り、面会なども原則禁止。食堂への往復も監視兵つきだった。

そのうえ苦役という他ない重労働にかり出された。党や政府機関、企業、工場の要職にあった女性も、教師、詩人、音楽家など人文系職歴者も「非専門家」「肉体労働者」とされ、収容所内外での野働きや建設現場に。病人、老人、子供らは衣類を作る縫製工場の手伝いなどに回された。

第一陣の女性たちは、あくる朝から湖畔での葦の刈り入れに動員された。建物の防寒、断熱に欠かせぬ葦である。点呼のあと隊列を組んで近くのジャラナ湖に向かう。凍てついた道の氷をスコップ、シャベルで壊しつつ湖畔へ。岸辺に密生する葦を、これも氷を払って大量に刈り取り、束ね、括り、山積みにする。日が落ちる前に一人四束ずつ抱えて収容所への帰途に着く。ろくな防寒着、防寒靴も与えられぬまま、こういう作業をそれから日々繰り返すことに。雪が眩しく目がくらみ、疲労困憊。凍傷にかかるものも少なくなかった。

ラヒリらがここに到着するのは数ヵ月後、初夏の季節だったろう。次の冬には同じ葦刈が課せられるはずだったが、彼女はたぶん免れた。母から引き離されて保育施設に入れられたアザーリのため、日に三回、授乳に駆けつけねばならなかったからである。

三〇ヘクタールもの広がりをもつ巨大ラーゲリ。そこには、次々と増設される収容棟のほか、指導部の事務棟、いくつもの監視兵舎、その上、大きな農場、自前の製粉・製パン所まであった。

農場ではキュウリ、トマト、キャベツ、ネギ、カボチャ、さらにはスイカ、リンゴ，なし、桃、遅れて穀類も栽培されるようになった。畜舎もあって牛、ヤギ、アヒル、鶏などが飼育されていた。家畜、家禽の世話は、重労働に耐えられない虚弱者の仕事とされた。

アクモリンスク収容所は開所半年にして受刑者で満員になった。その時点での囚人数は八〇〇〇人、うち四五〇〇人が政治犯である。新たに運ばれてくる受刑者のため、近隣にいくつものラーゲリが増設されていった。

カザフ中部地域にラーゲリが集中したのは、カラガンダ炭田を中心に急増する工場、企業の労働者や家族に供給する食糧、衣類などの生産基地が必要とされたからである。血と汗と涙の囚人労働が産みだした産物は、ほとんどが収容所外に運び出され、囚人たちに渡るのはわずかだった。こっそり持ち帰ろうとする者には、営倉入りの厳罰が待っていた。

孤児院送りを免れたマイヤ

父母を奪われて取り残されたマイヤたちはどうなったのか。先の作戦命令には、そうした子供たちについても扱い規定が用意してあった。十五歳以上であれば「反革命行為に走る恐れあり」として、大人と同様、五～八年の収容所拘禁に。その間に性格を見て「それほど危険ではない」と判定されれば、特別児童施設などに移される。十五歳未満なら孤児として教育人民委員部（教育省）所管の保育所、児童施設に収容、となっていた。つまり、バレエ学校に通っていた十二歳のマイヤ、六歳になっていた弟アレクサンドルは、どちらも孤児院に送られるところだった。

だが幸いにも、身内に有力な保護者がいた。マイヤは叔母ミータが養女として、それまでどおりバレエ学校に通わせた。弟は叔父アサフが養子とし、やはりバレエの道に進ませる。それでも孤児院からは「感じの悪い女たち」がマイヤたちを引き取りにやって来た。彼女らを押し問答の末に追い返したのはミータだった。

「ロシア革命二〇周年」（一九三七年）を祝う国家褒章の際、アサフに赤旗労働勲章、ミータにも名誉勲章が授与されていた。バレエ界への功績がその理由。この受賞は、つまるところスターリンに認められた、という証明である。それがこの養父、養母の発言力を強めるのに役立ったようである。

ついで二人は姉ラヒリの救援に動き出す。ラヒリが収容されて一年近くたった一九三九年の早い時期に、ミータがアクモリンスク収容所を訪れた。本来なら許されるはずのない姉との面会を、収容所長にかけあって認めさせた。やつれ果てた姉の姿。ミータは、気を失いそうになるほど驚いた。こんな環境に姉をおいてはおけない。モスクワに戻るやアサフとともにつてを求めて各方面に減刑の訴えを起こした。

そんな折に思いがけない幸運。たまたまクレムリンでのコンサートに出演したアサフの踊りをスターリンが激賞したのである。終演後、内務省クラブでの集まりに出た独裁者は、とくにアサフの名を挙げて「素晴らしい踊り手だ」と褒めた。「偉大な指導者」と畏敬された権力者からのお墨付き。力を得たアサフは、自分のファンの一人だった内務次官秘書に頼み込んだ。「収容所で姉に会ってきた妹スラミフィを内務次官に会わせて欲しい」と。面会は実現した。それからまもなくラヒリの身に信じられない変化が起こる。

母の減刑と再会

三九年の晩夏、刑は突然減じられ、国内流刑に切り替わった。ラヒリの次なる行く先はウズベク共和国との境に近い、カザフスタン南部の田舎町チムケントの開放流刑地。アクモリンスクからは千キロ余り南下した地域で、気象条件は前よりかなりしのぎやすい。ここでのラヒリは、月に二回、地元警察への出頭が義務付けられるほかは、一般住民と原則同じ扱い。もう重労働を課されることはなくなった。

それからまもなく、モスクワのミータのもとで暮らすマイヤに面会許可証が当局から届いた。十三歳。ミータが受賞者手帳を使って買ってくれた鉄道乗車券を手に、下着、食料など持てるだけの差し入れ品を抱えて、果てしなく遠いカザフスタンに向かう。郵便列車での一人旅。チムケントの駅には、ラヒリが待っていた。一年半会わぬうちに、すっかりやつれ髪に白いものが目立つようになっていた。その母に飛びつき、肩にぶら下がったマイヤ。二人は抱き合って泣いた。弟アザーリはよちよち歩きを始めていた。

ラヒリはユダヤ人の納屋を借り、街のクラブで踊りを教えて、暮らしを立てていた。言い寄る男たちに見向きもせず、夫ミハイルの生存をなお信じて。マイヤはこの街で仮の居住登録をすませ、二十日間を母とともに過ごした。

ラヒリが許されてモスクワに戻ったのは一九四一年四月、ヒトラー・ドイツがソ連への電撃侵攻に踏み切る二ヶ月前のことだった。

第3章　歯止めを失った「人民の敵」探し

スピッツベルゲン島でのデビュー

それにしても、家庭を愛し、仕事に励み、ひたすら誠実に生きたかに見える父ミハイル・プリセツキーの人生が、なぜ突然に断たれなければならなかったのか。

彼は一八九九年、白ロシア・ゴメリ市に生まれた。ロシア革命直後の一九一九年、「全人類の解放」を夢見て共産党に入党、時を同じくして起こった白衛軍との国内戦争にも従軍した。経済大学に学び技術者として党の対外関係、外国貿易部門に勤務、この間に、映画大学生だったラヒリ・メッセレルと出会った。趣味も豊かだったようで、のちに自分でも映画製作に携わったりした。

一九三二年、ノルウェー領スピッツベルゲン島にソ連が利権をもつ「北極石炭公団」鉱区の総支配人に取り立てられた。同時に駐スピッツベルゲン総領事を兼務、三三歳にして国外の重要炭鉱と現地国家代表を兼ねるという大抜擢であった。しかし、この出世が、やがて彼と一家の運命を狂わせることになる。

北緯七七〜七八度、北極圏に浮かぶスピッツベルゲン島は、荒涼とした酷寒の極地である。広さは九州とほぼ同じ。夏場の数ヶ月を除けば氷点下、一年の半分は闇の世界となる。そこの西部、バレンツブルグの郊外にソヴィエト人居住地があって、石炭採掘に携わる出稼ぎ労働者たちがたくさん来ていた。当時この島に渡るには、オスロとの間を年に二回往復するソ連砕氷船「クラーシン号」に頼るしかなかった。果てしない高波、強風、そして船酔い。マイヤたちもその苦労を強いられた。

慰安の乏しいソヴィエト人居住区。働く人々の励みにと、総領事夫人ラヒリは素人演劇を興した。その公演がマイヤの初舞台となった。演目は『ルサルカ（水の精）』。プーシキンの原作をもとにした十九世紀ロシアのオペラ作曲家、ダルゴムイシスキーの代表作である。人に姿を変えて王子と結婚し悲劇に陥る主人公ルサルカの役を、七歳のマイヤが達者に演じて見せ喝采を浴びた。才能を確信した両親は、娘をモスクワに戻しミータに頼んでバレエ学校を受験させる。合格。一九三四年夏、八歳にしてマイヤはバレエ修行にはいる。あすの大スターを夢見て。このころまでの一家は幸せそのものだったといっていい。

父が呼び寄せた「片腕」

現地最高責任者として多忙をきわめるミハイルは、自分の片腕にと、長年の親友であるリチャルド・ピケリという人物をモスクワから呼び寄せた。ミハイルより三歳年長のピケリは、やはりロシア革命の際に入党し地方で党活動、内戦時には労農赤軍に加わって各地を転戦した。ミハイルと知り合ったのは、その頃かもしれない。

ピケリの経歴のなかで見落とせないのは、コミンテルン（共産主義インターナショナル）の初代議長として七年間君臨したゲオルギー・ジノヴィエフの秘書長を二年ほど務めたこと。「トロツキーの秘書だった」とマイヤは自伝に書いている。私も以前に書いた文章でそれを踏襲したが、記録を調べると、マイヤの思い違いだったようである。

ジノヴィエフもロシア革命史に足跡を残した大物古参党員の一人である。早くから欧州に亡命、そこでレーニンと知り合い、以来行動を共にして「レーニンの副官」といわれた。日和見主義的なところのある人物だった。レーニンの死後、最有力の後継者と内外からみられていたトロツキーの追い落としをはかり、まずはスターリンと共同戦線を張る。しかしスターリンの独裁色が強まりだすと、こんどはトロツキー派と結び「合同反対派」を形成して対抗。敗れてトロツキーとともに党から追放される。

トロツキーは国外に追われたが、言論と文筆で生涯スターリンへの徹底抗戦を貫いた。ジノヴィエフの方は自己批判をしてスターリンの許しを乞い、やがて復党を果たす。しかし二度と要職を与えられることはなく、最後はスターリン粛清の犠牲となって果てる。

そういうジノヴィエフの秘書役をやったピケリ。彼を呼び寄せることの危険性は、もう予測できる時代だったはずである。だがミハイルは友情を優先した。とても情に厚い人柄だった、とマイヤは母から聞かされていた。

ピケリは多芸多才で弁もたったという。新聞や理論誌の編集をやり、自らもマルクス哲学の論文や演劇評論を書いた。一九三〇年代初めには、革命前から人気のあったモスクワ・カーメルヌイ劇団の副支配人を務めた。海外公演の団長として劇団を率いたこともある。しかし、スターリンの反対派追及と文芸引き締めによって劇団は凋落。不遇を嘆いていたピケリにミハイルが手を差し伸べたのである。

スピッツベルゲン時代、可愛がってくれたピケリについて、マイヤには暗く、不吉な思い出がある。三四年十二月初旬、凍てつく寒さの日であった。数日前、レニングラードで暗殺されたセルゲイ・キーロフを悼む集会がソヴィエト人居住区で開かれた。その追悼演説をピケリが引き受けたのだが、雄弁家であるはずの彼の声はかすれ、いつになく錯乱した様子だったのだ。わが身に迫る悲劇を予知したかのような。

苛立つスターリン

キーロフはスターリンに忠実な党員として出世し、政治局員・書記にまで昇進、レニングラード党組織のトップの座にあった。人柄は温厚で人望があり、「スターリンに代わりうる指導者」と多くの党員から期待されていた。暗殺される年の初めに開かれた第一七回党大会の際に、民意がまざまざと示された。総会に引き続き開かれた中央委員会総会での指導部信任投票で投票者一二〇〇人余りのうち、三〇〇人もが「スターリン不支持」を表明したのだ。これに対し「キーロフ不支持」は三票だけ。スターリンと側近たちは、スターリン不支持も「三票」と改ざんして、面子をとり繕った。

元々、第一七回党大会は、反対勢力を一掃したあとの「勝利者の大会」とされ、スターリン体制の「一枚岩」ぶりを内外に誇示しようとするものだった。しかし結果は裏目に出た。スターリン派とされてきた中央委員の間にも政策批判が広がっていることが示された。

その衝撃がスターリンに中央委員たち、ひいては彼らを送り出した社会エリート層への疑念を植え付けた。党内や労働組合など社会組織のなかには、面従腹背、スターリン打倒の機会をうかがう反対派が大勢潜んでいるのではないか、という不信、不安である。

不人気の背景にあったのは、一九三〇年代初頭のソ連を襲った空前の社会経済危機であった。遅れた農業国家の急速な近代化、重工業化を一気に達成しようと、二〇年代末からスターリンが強行した「上からの革命」路線が自ら招いた危機であった。当時のソ連で、重工業化を進めるための資本、労働力を求めるとすれば、その源は農村しかなかった。そのために断行した農業集団化政策が農民たちの激しい抵抗を引き起こしたのである。

革命、内戦期の混乱のなか疲弊を極めた農村部は、レーニン時代の一九二一年に導入された妥協策、「新経済政策（ネップ）」のおかげで徐々に立ち直り、一息つけるところまで来ていた。国に現物税さえ納めれば手元に残る農産物は市場で売っていい、と規則が緩和されたからだ。生産者の意欲は高まり、国の農業生産量も第一次世界大戦前の水準を取り戻すにいたった。そこに突然降りかかってきたのが、例外を認めぬ集団化という至上命令だった。営々と手入れしてきた耕地も、せっかく蓄えた農機具や家畜も、そのほとんどを集団農場（コルホーズ）の共同所有に移す。手元に残るのは小さな畑とわずかな家畜だけ。そんな政策転換が大方の農民たちの抵抗を招くのは、自然の成り行きだった。武器まで手にして抵抗に立ち上がる地方が出てきた。

スターリンは武装部隊を送り込んで鎮圧するとともに、集団化に応じぬものたちの資産を貧富にかかわらず没収し、家族ぐるみ僻遠の収容所に追放した。「富農（クラーク）狩り」である。「階級としてのクラーク絶滅」の掛け声のもと、犠牲にされた農民の数は、一説では数百万農家、一千万人を超える、といわれる。追われた農民の多くは、その時期に極東、極北地域などに新増設された強制収容所に送られ、工場、ダム、運河の建設や鉱山掘削に酷使された。

クラーク狩りに劣らず農民たちを苦しめたのが食糧の飢餓輸出である。欧米先進国から機械、設備を得るのに必要な外貨を稼ぐためと、農村部からの流入で膨れ上がる都市労働者を養うための食糧を、農村から強制徴発したのである。この追い打ちがさらなる武力抵抗を招き、混乱はソ連の広範な地域に広がっていった。

ソ連政府が世界に喧伝した「第一次五ヵ年計画（一九二八〜三二年）の成功」の陰で、穀倉ウクライナやカザフスタン地方を中心に、少なめの見積でも五〇〇万人前後という餓死者が出ていた。

情報は厳しく統制され、モスクワの外に出られぬ外国特派員にも気づかれずにいた。だが農村の実情を知る党、政府機関の幹部たちの間では、スターリンを冷ややかに見るものが徐々に増えていた。

「真昼の暗黒」モスクワ裁判

キーロフ自身がどう考えていたかは明らかではない。しかし、彼ならそんな「農村いじめ」には加担せず、もっと穏やかな政策を打ち出してくれる、と周りの多くが信じていたようだ。キーロフ支持者のなかには、実際にスターリン更迭を企てる動きもあった。

ニコラエフという暗殺実行犯が直ぐに捕まったが、その審理が異様だった。スターリン自ら事件現場のレニングラードに急行し、取り調べに当たったのである。研究者の間では、「状況証拠から見て、暗殺はスターリンと内務人民委員部の犯行」との見方が有力であるが、それを裏付ける決定的な証拠も見つかっていない。

事件から半世紀後、グラスノスチ（情報公開）政策を進めるゴルバチョフ政権のもとで、キーロフ暗殺事件の再調査が実施された。それを担当したソ連検察庁などの結論は、「当初の取り調べではニコラエフの個人的動機による単独犯行とされたが、スターリンが乗り込んでから筋書きが変わり、組織犯罪に仕立てられた」というものだった。事件後の経過を見ていくと、スターリンの介入は暗殺事件を利用した「反対派大粛清」のシナリオづくりが狙いだった、という見方も確かに成り立つだろう。

政敵一掃の舞台として用意されたのが、一九三六年から三回にわたって開かれたモスクワ裁判である。「見せもの裁判」として当時世界の識者たちの批判を浴びたものだが、それはマイヤ一家の運命を分ける恐ろしい裁きの舞台でもあったのだ。

「トロツキー＝ジノヴィエフ派テロリスト事件」を裁く、と銘打たれた第一次裁判（一九三六年八月）の法廷に引き出されたのは、ジノヴィエフと彼の革命期からの盟友レフ・カーメネフら、かつてトロツキー派と組んでスターリンに対抗した人々である。そこにジノヴィエフの元秘書長ピケリが連座させられたのである。裁判の二ヶ月前に逮捕されていた。

被告たちの容疑は「キーロフ暗殺に関与した」「スターリン暗殺の陰謀をめぐらせた」「外国と通じスパイ活動をやった」などである。（拷問と脅迫によって強いられた）偽りの自供をする被告たちの姿が、外国人特派員たちにも公開された。そしてジノヴィエフ以下、ピケリを含む十六人に銃殺刑が宣告され、ただちに執行された。

マイヤの父ミハイルに魔の手が伸びてくるのは、それから間もなくのことだ。ミハイルはすでに三五年夏にモスクワに呼び戻されていた。名目上は「栄転」であったが、何のための帰国命令か、彼は薄々感じていたようである。

第二次裁判は翌三七年一月、「反ソ連トロツキー派センター事件」として、旧トロツキー派の大物幹部らを裁いて十三人を死刑に。第三次裁判はあくる三八年の三月、スターリンの農業集団化政策や食糧徴発に反対したニコライ・ブハーリンら十八人を「右翼・トロツキー派反ソ連ブロック」の一味として、やはり見世物裁判の末に銃殺した。

ブハーリンは早くからマルクス主義理論家として頭角を表し、レーニンから「わが党の至宝」とまで言われた党内右派の代表的論客だった。当初、スターリンの一国社会主義路線を支持、ヨーロッパ革命に望みを託すトロツキーや、ジノヴィエフらの排除に協力した。しかし、農業を犠牲にする全面的集団化には反対、農民との協調による漸進的社会主義化を唱えてスターリンと袂を分かった。そのブハーリン審問をモデルとした英作家アーサー・ケストラーの作品が『真昼の暗黒』である。

スターリンのトロツキー憎悪

一連の「事件」の名称からも明らかなように、モスクワ裁判はレオン・トロツキーの欠席裁判でもあった。メキシコに亡命していたトロツキーは、第一次モスクワ裁判のあと、米国の哲学者ジョン・デューイらがメキシコシティで開いた、いわゆる対抗裁判で証人に立ち、スターリンの捏造を論破した。デューイ委員会の判決（一九三七年十二月）は「無罪」。そのトロツキーも、それから三年後、対抗裁判のあった建物から遠くない隠れ家で、スターリンの放った刺客によって命を奪われた。

スターリンにとって、レーニン死後に起こった党内権力闘争の相手方のなかでもトロツキーは許しがたい「天敵」であった。マイヤがピケリを「トロツキーの元秘書」と間違って書いたのは、トロツキーこそ「諸悪の根源」だと教えられてきたせいでもあっただろう。ロシア革命の際、レーニンと並ぶ立役者だったこの人物が、これほどまで疫病神扱いされたのはなぜだろうか。様々な内外要因がからんでいて、そのことに深入りするゆとりはない。ただ一点、マイヤ一家の悲劇にも関わってくる、彼とスターリンとの関係には少し触れておきたい。

トロツキーは遅れて入党した「外様」党員であったけれど、弁舌、文章力、独自の「世界革命」理論で際立ち、たちまちにして指導者の一人にのしあがった。革命の作戦指揮にあたり、革命後は外務人民委員（外相）としてドイツとの講和交渉に活躍、引き続く内戦期には軍事人民委員（国防相）に転じて労農赤軍を創設、自ら戦いの陣頭にたった。内外での八面六臂の活躍ぶりから、「いずれはレーニンの後継者に」と見る向きが多かった。ただ自身の能力に自信を持ちすぎ、足元の党内事情には無関心だった。

スターリンはといえば、レーニンの使い走りとして重宝がられてはいたが、当初は無名の裏方的存在にすぎなかった。内戦期、前線で赤軍の指揮を委ねられたこともあるが、作戦の拙さをトロツキーから指弾されもした。それでも党務には精を出し、一九二二年、新設された書記長の職を託されるまでになる。党務を預かる書記長の権限は大きい。それを行使してモロトフ、カガノヴィチら腹心の若手を次々に書記局に扶植し党内多数派の形成に成功した。折しも病に倒れたレーニンは、専横ぶりの目立ち始めたスターリンへの不安から書記長解任をめざすが、そのとき頼りにしたのはやはりトロツキーであった。そうした経緯もまた、スターリンのトロツキー嫌いを抜き難いものにしていたろう。

モスクワ裁判とトロツキー暗殺によって、一九二〇年代以降、一度でもスターリンに逆らったライバル党員は、ほぼ根絶やしにされた。革命、内戦を戦い抜いて誇り高かった彼らには、スターリンの「駆け出し時代」を知る知識人が多かった。スターリンが何より恐れたのは、想像を絶する飢餓を引き起こした失政を彼らに衝かれることではなかったか。

自分の偶像化の邪魔になる古参の幹部たちを始末しようと、スターリン政権が奨励したのが密告である。どんな些細なことでも彼らの「落ち度」を探して報告せよ、と内務人民委員エジョフが檄を飛ばした。その波紋は、おそらくはスターリン個人の思惑をさえ超えて広がり、ソ連社会全体を巻き込む狂気と化していく。エジョフは共和国、州、市町村別に「摘発する人民の敵」の人数枠まで割り当て、しかもその処分を出先内務警察の長、検事、党のトップでつくる「三人委員会」（トロイカ）に委ねることまでやった。指示を受けた側も中央の歓心を買おうと、手当たり次第、割り当てを超える人数まで逮捕、処刑し、「超過達成」を報告するところが少なくなかった。

禍い招いた伯父の里帰り

スターリン粛清を際限ないものにした今一つの要因は、対外緊張であった。二つの反共国家に東西からいつ何時挟撃されるかもしれない、という怯えである。西に再武装を強行し侵略の野望をちらつかせだしたナチス・ドイツ。東では満州事変を起こして傀儡《かいらい》国家をつくりだし、ソ連極東をうかがう大日本帝国とその先兵、関東軍。事実、日本陸軍の第一の仮想敵国は伝統的にソ連とされていた。英仏両国や米国も、対ドイツ包囲網づくりより共産主義ソ連の崩壊をまず願っているのではないか、とスターリンは疑っていた。

「ドイツ、日本のスパイ」「外国のスパイ」。当時、スターリンとその手先たちが反対派摘発にあたって、しきりに用いたキャッチフレーズがそれである。外国人と何らかのかかわりをもつ人々すべてに疑いの目が向けられた。外交官、貿易関係者、学者、文学者、さらにその家族、友人、外国に移住した身内、知人をもつ人たち……、探し始めたらきりないほどの数になる。

その点、マイヤ一家にも一抹の不安材料があった。ミハイルの兄、米国で暮らすレスターの存在であった。革命前、十六歳で渡米し、レストラン経営などで資産をつくった。その伯父が、こともあろうに一九三四年、キーロフ暗殺の数ヶ月前に一時里帰りしたのである。ただ郷愁に駆られて。ちょうど休暇でスピッツベルゲンから戻っていたミハイルは、兄をモスクワ郊外の協同組合別荘に迎えてもてなした。当時、外国人と付き合うことの危険性はもちろん承知していたであろう。しかしミハイルは臆病な振る舞いをいさぎよしとしない性格だった、とマイヤは書いている。

命取りになったのは、第一にピケリとのつながりであったろうが、この兄の存在も「容疑」の捏造にあたって補強材料に使われたと見て良い。こうしてマイヤ一家もまた、逃れる術のない「スターリンの罠」にはまってしまったのだった。

第4章　抑圧・差別と闘う「白鳥」

「反スターリン」共同書簡に署名

父母を奪い一家離散の悲運に追い込んだスターリンとその取り巻きたち、そういう権力者たちに迎合する民衆をつくりだす共産主義社会。不条理にすぎる全体主義への、やり場のない憤りを、マイヤは長く持ち続けたのではないか。彼女と身近に接した何人かから、そのような感想を聞いた。

彼女は政治への抗議の意思を敢然と公にしたことがある。一九六六年二月、ブレジネフ第一書記（のち書記長）に宛てた「二五人による公開書簡」の署名者に加わったのだ。ピョートル・カピッツァ、アンドレイ・サハロフら物理学界の権威をはじめ、知られた作家、画家、映画監督、俳優たちと並んで、女性ではただひとりマイヤが署名した。間近に迫った第二三回党大会（三～四月）でスターリンの名誉回復を図る動きが保守派や軍部にあるとして、「そうした企てには断固反対する」と表明する書簡であった。バレエ界からはほかに署名者はいない。あの時代、勇気を必要とする行為であった。彼女にとっては当然のことをしたまでだったのか、自伝ではこの行動にはわずかしか触れていない。

スターリン批判とその前後の動きをおさらいしておこう。スターリン死後、後継争いに勝ち残ったのは、ニキータ・フルシチョフ第一書記だった。彼は第二〇回（一九五六年）、第二二回（六一年）の両共産党大会で、スターリン時代の個人崇拝からの決別を宣言し、大粛清をめぐっても「スターリンこそが主導者だった」と断罪した。スターリン側近だったライバルたちの追い落とし、圧政の加担者でもあった自らの保身、そういった思惑も絡む政争の一環でもあったのだが、フルシチョフのこの政治決断は、大粛清の標的にされた知識層はもとより多くの民衆の共感と支持を勝ち得た。

恐怖の独裁者が去って、恐る恐るではあるが自由を求めて動き出す民衆たち。市井に生きる人々の哀歓をいち早く綴った作家イリヤ・エレンブルグの小説『雪どけ』が発表されたのは、フルシチョフのスターリン批判秘密報告（五六年二月）より二年も前だった。当時のソ連の新聞、雑誌では酷評されたが、「この作品を弁護する手紙を何千ともらった」と、のちに作家は回想している。変化を求める人心の流れがフルシチョフの背を押した。

しかし、せっかくの「雪どけ」時代も短命に終わろうとしていた。スターリン批判そのものが元々及び腰であった。それでもなおスターリン断罪は、彼を盟主としてきた世界各国の友党を動揺させ、ハンガリー動乱やポーランド政変、さらには中国共産党の離反まで招くに至った。批判の「行き過ぎ」にブレーキをかけようとする動きが内と外の支配層から押し寄せ、フルシチョフも後退を余儀なくされた。

このため独裁者告発と並んで進められた粛清犠牲者の名誉回復も、中途半端な内部処理にとどまり、遺族には通知されないケースもたくさんあったようである。父ミハイルの名誉回復通知を半世紀も遅れて受け取ったマイヤ一家の場合も、一例だったろう。

フルシチョフの失脚後、後を継いだブレジネフの下では、スターリンの復権をなし崩し的に進めようとする動きが半ば公然化した。「二五人共同書簡」が出される直前の一九六六年一月、ソ連共産党機関紙「プラウダ」は、保守派歴史家たちの連名論文「スターリン時代の全面否定に反対する」を掲載した。「個人崇拝」という言葉を使うことにも反対というあからさまなスターリン擁護であった。前年には、国外でソ連体制を批判する文書を刊行したソ連の二人の文学者、シニャフスキーとダニエルが逮捕され、スターリン死後初めての異論派知識人裁判が始まろうとしていた。

知識層を中心に広がる不安を代弁したのが共同書簡だった。署名者の一人で、後のノーベル平和賞受賞者サハロフは、この署名を契機に体制への批判、さらには反核運動へと踏み込んでいく。自分の開発した水爆の破壊力を憂慮し、実験をやめるよう当局に訴え続けたのに、相手にされなかったからである。

後に著した『サハロフ回想録』によると、署名を集めて回ったのは、ジャーナリストのセミョーン・ロストフスキー（筆名エルンスト・ヘンリー）であった。彼はテロリズムや全体主義を批判する著書、論文を精力的に発表し、映画評論家としても知られていた。書簡の文案も彼が書いたと見られている。

ロシア・バレエ史上、指折りの名プリマ、ガリーナ・ウラノワが一九六〇年に第一線を退き、ボリショイは名実ともマイヤの時代になっていた。米国公演についで六一年、男性パートナーと二人だけで招かれてパリの舞台にも立った。名声は西欧でも定着した。

人気絶頂のマイヤが「共同書簡」に名を連ねて心強かったのだろう。サハロフは「有名なバレリーナ、マイヤ・プリセツカヤも署名に加わった」と、同じ本のなかで特筆している。

公安当局は警戒を募らせた。国家保安委員会（KGB）のウラジミール・セミチャストヌイ議長が共同書簡の日付から一ヶ月後に共産党中央委員会に送った報告書は、危機感をあらわにしつつ次のように指摘した。

「署名者はもっと増えそう。すでに作曲家ショスタコーヴィチも賛意を明らかにしている。ロストフスキーらの真の狙いは、書簡が党中央に届くかどうかより、それを公表することで知識人や若者たちに浸透することにある」。署名者二五人のうち名指しされたのは、マイヤを含め十四人だけ、残る十一人は「その他」とされている。

ついでながら、スターリン粛清の実働部隊だった内務人民委員部は、その後改組されて内務省に統合されていたが、一九五四年に国家保安委員会として再び独立した。セミチャストヌイはその三代目の議長だった。

彼が心配したとおり、共同書簡の波紋は広がり、『雪どけ』の作家、エレンブルグら十三人が「二五人書簡にはまったく賛成。どんな形にせよ、スターリンの名誉回復には反対する」とした新たな共同書簡をやはりクレムリン指導部に送った。

体制側は締めつけの強化で応じる。異論派知識人裁判では「反ソ宣伝扇動罪」を適用、シニャフスキーに自由剥奪七年、ダニエルに同五年を言い渡し、さらに出版検閲、刑法の適用拡大にも乗り出す。こうして七〇年代以降、ソ連体制対異論派知識人の攻防が本格化していく。スターリン型支配の再来を恐れるマイヤにとって、他人事ではなかったはずである。

マイヤの舞を所望した毛沢東

お上を恐れぬ振る舞いは許しがたいが、ソ連国家にとっては貴重な広告塔、葬り去るのも惜しい。西側世界の手前もある。アメとムチでなんとか口を封じ、国家威信のＰＲに役立てる方が得策だろう。クレムリンの権力者や文化行政の当局者たちは、看板スターになったマイヤをそんな風に見ていたのではないか。

スターリン体制の末期、ウラノワがなお女王として君臨していた時代の一九五〇年二月十三日のことだ。ソ連を訪問中の毛沢東主席がボリショイ劇場に現れ、マイヤの踊る「白鳥の湖」を観た。実はボリショイ側は、その日に備えてウラノワか、彼女に次ぐスター・バレリーナであるオリガ・レペシンスカヤによる別の演目を用意していたのだが、毛沢東の希望で急きょ「白鳥の湖」に差し替えられた。新星マイヤの評判が東方からの客人にも伝わったのであろう。彼女は心を込めて舞い、終楽章の幕が降りる頃、感動した毛沢東から籠いっぱいのカーネーションが舞台に届けられた。

毛沢東にとってこの訪ソは初めての外国訪問だった。バレエ鑑賞の翌日には中ソ友好同盟相互援助条約の調印という重要日程が待っていた。彼が北京で中華人民共和国の成立を宣言してから半年足らず、ソ連と蜜月状態にあった時代の雰囲気づくりにマイヤも一役かったのである。

ボリショイ伝統の「白鳥の湖」は、そのころすでに彼女の独壇場になっていた。三年前、一九四七年の「白鳥」デビューで絶賛されて以来、外国から賓客が来訪するたびにマイヤの出番が回ってきた。それこそが最高のもてなしであり、同時にソヴィエト芸術のレベルの高さを示す証明になる、と・クレムリン当局も計算したのだ。

毛沢東だけではない。ボリショイに招かれてマイヤの「白鳥」を振舞われた世界の政治指導者たちを「自伝」から拾ってみよう。

チトー・ユーゴスラヴィア大統領、ネルー・インド首相、その娘で後の首相インディラ・ガンジー、パーレビ・イラン国王、ナセル・エジプト大統領、鳩山一郎首相、ダウド・アフガニスタン国王、ハイレ・セラシエ・エチオピア皇帝……、まだまだいる。

そうした貢献に応えるかのように六四年、国家最高の名誉とされるレーニン賞がマイヤに贈られた。芸術部門での同時受賞はチェロ奏者のムスチスラフ・ロストロポーヴィチだけ。それまでに芸術部門でこの賞を与えられたのは、作曲家のセルゲイ・プロコフィエフ、ドミトリー・ショスタコーヴィチ、アラム・ハチャトリヤン、バイオリニストのダヴィド・オイストラフ、ピアノのスヴャトスラフ・リヒテル、エミール・ギレリス。バレエ界からはウラノワらごく限られた人たちだけであった。

皮肉なことに、これら受賞者の誰ひとりとして国家による芸術統制に不満を抱かぬものはいなかった。しかしみな仲間内での会話にとどめ政治批判を公にすることは避けた。ピアノの巨人、リヒテルなどはマイヤと同様の悲劇に遭っていた。独ソ戦下のウクライナで、ドイツ人音楽家だった父がソ連秘密警察に処刑された。それでも黙って耐え抜いた。

レーニン賞授与は、こうした人たちのソ連国家への忠誠を取りつける懐柔手段でもあった。それにも関わらず公開抗議書簡に署名するマイヤの行動は、やはり目立った。

もう一人、マイヤ以上に戦闘的だったのがロストロポーヴィチ。後に作家アレクサンドル・ソルジェニーツィン（一九七〇年ノーベル文学賞）へのKGBの迫害に抗議して作家を自分の別荘に匿ったことで当局の逆鱗に触れ、外国滞在中の七八年、妻のオペラ歌手、ガリーナ・ヴィシネフスカヤともどもソ連市民権を剥奪されるにいたる。

KGBの尾行

マイヤのバレエ人生は、ハンディを負わされてのスタートだった。取り消されたとはいえ一度は「人民の敵」の烙印を押された人物の娘である。しかも母方メッセレル一族はリトアニア出身のユダヤ人であった。スターリンは生涯、ユダヤ人に心を開かなかった。マイヤの「白鳥」デビューから間もない一九四八年、「ユダヤ人医師陰謀団」なる事件がでっち上げられ、その余波がボリショイにまで及んだ。党や軍の高官の暗殺を企てたとしてクレムリンの医師たちが多数逮捕され、ボリショイ団員から頼りにされていた劇場診療所の女医までが関係者として解雇された。この架空事件はスターリンの死によって終止符が打たれ医師たちも釈放されるが、ユダヤ人であるがゆえの迫害はまだまだあった。

数々の悪条件と闘いながらも、マイヤは芸を磨き、デビュー早々にして「ボリショイに新星現れる」とソ連誌にグラビア特集を組まれるほどの存在になった。それなのに給与は最低水準、群舞ダンサー並みにとどめおかれた。だがそれ以上に彼女を苦しめたのは、西側世界での公演の出番をもらえなかったことである。

東欧衛星諸国で二年ごとに開かれていた「民主青年友好祭」へのバレエ代表団には参加を許され、彼女もプラハ（一九四七年）、ブダペスト（四九年）、東ベルリン（五一年）などは訪れる機会があった。いま一ヶ国は非同盟中立のインドでの公演（五三年）。それとても厳しい身上査問とKGB随員の監視つきであった。バレリーナである以上、バレエ発祥の地である西欧の舞台に挑み己の真価を問う。それこそが彼女の夢であった。

ところで、スターリンの死後、平和共存路線を鮮明にしたフルシチョフ政権は、米国との覇権争いの一つの場を文化芸術の分野に求めた。ソ連体制の優越性を示す何よりの証明としてボリショイ・バレエ団もまた重要な役割を担わされる。まずは小規模編成のバレエ・チームをオランダ、ギリシャ、フィンランドに送ってリハーサル公演。その上で一九五六年秋、いよいよ本格編成によるボリショイ・バレエ団を英国に送る運びになった。演目に「白鳥の湖」「ロメオとジュリエット」も。どちらもマイヤの十八番である。それなのに発表された派遣メンバーのなかに彼女の名前はなかった。

すでに六年間も国外公演に出してもらっていなかった。インド公演のときのKGB監視役と反りが合わず、言い争いを繰り返したことで「要注意人物」とされたようだった。

彼女は焦った。一九五六年、もう三十歳になっていた。バレエは若さが求められる芸術である。このロンドン公演だけは逃すわけにはいかない。そこで起こした彼女の行動は、これもソ連社会の常識では考えられない、向こう見ずなものであった。

クレムリンや各国大使館でのレセプションで知り合い、電話番号まで教えてくれた政府要人たちに電話をかけまくる。ブルガーニン首相、ミコヤン第一副首相、モロトフ外相……もちろん誰も電話に出ないし、秘書からの返事もない。

ボリショイの仲間たちにも味方はいて、ニコライ・ミハイロフ文化大臣に宛てて嘆願書をつくってくれた。「プリセツカヤはロンドン公演の目玉であり、彼女の参加なくして成功はありえない」と。署名者はウラノワをはじめ四五人。紆余曲折の末にミハイロフは会ってくれたが、やはり空振り。文化相レベルの問題ではなかったのだ。

そんな折、絶望的な情報が身近な知人からもたらされた。「マイヤは永久に（西側には）出られない。出国禁止者リストに名前が載っている」というものだった。生殺与奪の権限を握るのは、つまるところKGBだというのである。この秘密警察組織の、ときの議長はイワン・セローフ。初代のKGB議長である。

彼の執務室の専用電話番号をあるルートで知り、マイヤは自ら電話を入れる。受話器を取ったのはセローフ本人だった。やりとりの詳細は「自伝」に譲るが、高官専用の秘密番号を知られたことに彼は激怒し、けんもほろろの対応。「決めるのはミハイロフで私の関知しないことだ」で切られてしまう。

セローフに電話する前から、マイヤにはKGBの尾行がつきまとうようになっていた。当時はボリショイ劇場裏手のシチェプキン小路にある共同住宅で暮らしていたが、その近くに昼も夜も尾行車が止まり、ちょっとした外出にもついて回る。車内にはいつも三人。それが長く続いていた。種を蒔いたのはマイヤ自身である。

ロンドン公演参加を願うあまり、英国大使館の知人にまで電話を入れた。大使館のレセプションに招かれたとき、「ぜひロンドンであなたの白鳥の湖を」と誘ってくれたバレエ通の書記官ジョン・モーガンに。電話を終えてからはっと気づいて青ざめた。外国公館の通話はソ連公安警察によりつねに盗聴されているのかも、と。心配したモーガンがシチェプキン小路の部屋まで訪ねてくれたことが事態のさらなる悪化を招いた。

マイヤは恋に落ち英国の手先としてスパイ行為をやっている、との疑惑を深めたようだった。後になってわかったことだが、セローフ自身が政治局の特別会議に出席し、「プリセツカヤを出国させなかったのは英国のエージェントだから」と報告していた。

背景には、文化交流の傍ら、熾烈化する英ソ両国間の情報戦があった。モーガンの上司、ウイリアム・ヘイター駐ソ大使はかつて全英の対外情報要員を統括する立場にあった人物で、モスクワでの彼の動きにＫＧＢはとりわけ神経を尖らせていた。部下のモーガンはモスクワが初任地の駆け出し外交官であったが、当然に厳しい監視のもとにおかれることになった。マイヤへの執拗な尾行は、一つにはモーガンとの「密会現場」写真を撮りたかったからのようだ。モーガンと二人きりで外で会うことなどなかったのだから、まったく無益な尾行だった。モーガンがシチェプキン小路の自宅を訪ねてきた時も、マイヤはわざわざ知人に同席してもらっていた。

ソ連崩壊後、旧ＫＧＢ幹部が隠密裡に持ち出し英当局に渡した文書によると、セローフの真の魂胆は別のところにあったらしい。マイヤを脅しつけることでＫＧＢの情報工作に協力させ、彼女の国際的な交友関係をＫＧＢの対外謀略に利用したかったのだという。それもまた見当違いの目論見であったのだが。

一九五六年十月初め、ウラノワ以下のロンドン公演一行はモスクワを発った。マイヤはまたもや取り残された。

彼女は残留組だけで「白鳥の湖」モスクワ公演を企画、実行する。自分たちは健在であるのになぜロンドンに行けなかったのかを内外に訴えるためでもあった。街にポスターが張り出されると、たちまちのうちにモスクワ中に知れ渡った。前売券の売り場に大行列ができ、公演当日（十月十二日）はマイヤも驚くほどの大入り。モスクワっ子たちにとって、ことの経緯は、一つの「事件」だったのだ。騒ぎになることを恐れた当局は事前に、マイヤに「ごく控えめに」と警告したのだが、お構いなしにみな目一杯熱演した。終演後、モスクワ警察は観客の何人かを召喚し「背後関係はないか」を探ろうとしたが、もちろんただのマイヤファンばかり。逆に、反撃された。「入場券は自分のカネで買った」「劇場で拍手して何がいけないのか」「なぜロンドンに行かせてあげなかったのか」と。

米国公演にはなぜ行けたのか

ウラノワをプリマ・バレリーナとするボリショイ・バレエ初のロンドン公演も、予期以上の成功を収めた。意を強くしたフルシチョフ政権は翌五七年夏、こんどはレペシンスカヤをプリマとする一行五十四人を日本に送った。前年の日ソ国交正常化を受けてのこの東京、大阪公演もまた熱烈に迎えられた。当時学生だった私も、この時のボリショイの評判は新聞で知った。続く五八年にはパリ公演。マイヤには依然お呼びがかからない。

その五八年の暮、彼女は新進作曲家のシチェドリンと結婚し私生活では幸福感を味わっていた。その間、政治の世界ではのちのマイヤ訪米にもつながる重要人事が起こっていた。フルシチョフがセローフをKGB議長から解任し、後任議長に青年共産同盟（コムソモール）組織出身のアレクサンドル・シェレーピンを任命した。スターリン時代の謀略手法を引きずるセローフ流を改め、「新しい血」を入れて情報体制の非スターリン化を図る。そうした狙いを持つ人事であった。

KGB改革を託されたシェレーピンは、端倪《たんげい》すべからざる、やり手活動家であった。コムソモール幹部として独ソ戦の間、ヨーロッパ・ロシア部深く侵攻したドイツ軍の背後をかく乱するパルチザン部隊を編成、戦果を挙げた。それがスターリンの目に止まって出世の糸口を掴み、共産党中央委員会で昇進を重ねた。KGB議長就任はフルシチョフに乞われてのものだったが、後年、恩あるフルシチョフの追い落としに一役買う。KGB議長として三年、組織改革での実績を足場に、党書記、政治局員に。一時期には「ブレジネフ書記長の後継候補」として西側メディアからも注目された。

この人物とマイヤは接点があった。彼女にとって初の国外公演となったプラハ民主青年友好祭の時のソヴィエト代表団長が彼シェレーピン。当時のコムソモール中央委員会書記。帰路、同じ列車に乗り合わせ、バレエ談義を交わしたことがあったのだ。

明けて一九五九年。「三ヶ月間の全米公演旅行」の噂が流れ始め、ボリショイの団員たちは色めき立つ。いよいよアメリカである。どんなレパートリーになるのか、誰が行けて誰が行けないのか。米国から打ち合わせにやってきた興行主は「ぜひプリセツカヤを」とミハイロフ文化大臣に直訴するが、回答は「期待に添えないといけないから他の者を指名して欲しい」。そんな話がマイヤのところまで漏れ伝わってくる。彼女と応援団の面々は再び行動を起こす。プリセツカヤ案件は文化省マターではない、敵の本丸はKGB。でもシェレーピンならセローフとは別の判断をするかもしれない。

八方手を尽くしてシェレーピンの電話番号を探り出し、まずシチェドリンが電話を入れた。数日後、エフゲニー・ピトブラーノフKGB副議長から電話で返事があり、まず自分がシチェドリンと会う、という。KGB本部に呼ばれたシチェドリンへの副議長の助言は希望を抱かせるものだった。「プリセツカヤにフルシチョフ宛の手紙を書かせて欲しい。

それを自分がじかに手渡す」というのであった。

指示の通り手紙を届けたあと、こんどはマイヤがシェレーピン本人からKGB本部に招かれた。十二年ぶりの再会であった。彼は言った。「第一書記からあなたの案件処理を任された。こんどは米国に行ってもらう。（過去の密告書など）一件書類にも目を通したが、いい加減なものばかりだった」。

すべてピトブラーノフ副議長のはからいだった。彼は旧内務人民委員部時代からの生粋の情報工作員であったが、いわれのない容疑で尾行を受けるマイヤに同情していたようだ。彼自身もスターリン存命中の一九五一年秋、「ユダヤ人陰謀団事件に加担した」という、事実無根の容疑で逮捕、拘留されたことがあったのである。

三ヶ月にわたった全米公演の成功は、「プロローグ」で書いた。付け加えるならば、その間に二人の従兄弟、スタンリーとエマヌイルにも会えた。スターリン期に祖国の状況も知らずに里帰りしてマイヤ一家に禍をもたらしてしまった伯父レスター（一九五五年死去）の息子たちである。スタンリーは優秀な弁護士で、その時期ケネディ政権の法律顧問としてワシントンに勤務していた。

米国から帰国したその年の秋、こんどは中国公演。北京でのレセプションに招かれた折のことだ。ニューヨークの国連総会からの帰路、北京を訪れたフルシチョフが現れて彼女に近づき、満足げに話した。「君が（米国から）帰国してくれて本当に良かった。私も面目を潰さずにすんだ。（出国を許した）私の目に狂いはなかった」。マイヤの亡命をそれほどに恐れていたのである。

ケネディ一家との出会い

彼女と外界を隔てていたKGBの壁に、こうして一筋の道が開いた。二年後には男性パートナーと二人だけのパリ公演招請、その時にはマイヤの舞に感動した女優イングリッド・バーグマンから「ぜひ西欧に亡命して」と勧められた。

翌六二年の秋には二度目の米国公演。ジョン・ケネディ大統領一家と知り合った。ホワイトハウスでのパーティーで、大統領夫人ジャクリーンは「娘キャロライン（のちの駐日大使）の夢は、あなたのようなバレリーになることよ」と告げ、マイヤを見つめて「アンナ・カレーニナにそっくり」といった。後年マイヤは、そのアンナを自らバレエ化した「アンナ・カレーニナ」で踊ることになる。

ジョンの弟ロバート・ケネディ司法長官とは、奇しくも生年月日がまったく同じ一九二五年十一月二十日。ロバートは以来、誕生日のたびにマイヤのもとにプレゼントを送り届ける。三度目の米国公演（六六年）のときには、二人きりでニューヨークを散策し、ロバート家の晩餐にも招かれた。ロバートは司法長官を辞したあと上院議員に選ばれていたが、一九六八年六月、次期大統領選挙出馬をめざす運動のさなか、遊説先のロサンゼルスで兇弾の犠牲となった。テキサス州ダラスでの兄ジョンの暗殺（六三年）に続くケネディ家の悲劇であった。

ボリショイから離れたあとの一九九二年、マイヤはケネディ兄弟の眠るワシントン・アーリントン墓地を訪ね、それぞれの墓に白百合を供えた。

第5章　あなたは白鳥？　それともカルメン？

「白鳥の化身」神話の陰で

「作り話と思わないでほしい。幼い頃から私は自分が白鳥と同族かもしれない、と感じていた」。自伝続編にあたる『十三年後』のなかで、マイヤは白鳥に抱く親近感をそのように書いている。彼女の「白鳥の湖」や「瀕死の白鳥」の舞台を見たものなら、そんな言葉も決して大げさではない、と感ずるのではないか。「白鳥の化身」とでも呼ぶほかない、至高の芸なのだから。

柔らかく細やかに波打つようなは羽ばたき。あの繊細な腕さばきは、まさしく彼女のオリジナルであり、今日、世界のプリマ・バレリーナの多くが踏襲に務めているといわれる。「あなたの腕には骨があるのか」。外国に行くと、そんな不躾な質問を好奇心旺盛な記者たちからよく受けた。

彼女が切り開いてみせた境地は、天与の才能だけではなく、実は人知れず重ねた研鑽、工夫の賜物でもあった。その「工房の秘密」の一端を、彼女は同じ『十三年後』のなかで明らかにしている。一点だけ紹介させて頂く。モスクワ動物園に通ったことだ。

モスクワの中心、赤の広場から西へ二キロあまり、二つの地下鉄駅に面した一角にあるこの動物園にはいま年に四百万人前後訪問者があるという。かつて私も妻子を連れて何度か訪れた。

マイヤもそこに時折出かけていたのである。お目当ては白鳥と黒鳥。その身振り、頭や羽の動かし方を観察するために。ある日、願ってもない幸運に恵まれた。自分からわずか数メートルのところで、一羽の黒鳥が突然、両翼をいっぱいに広げて、膜のついた脚を上げ、片脚立ちした。そのままの姿で静止、それも随分長い間、「どうかよく見てください」というように。バレエの用語でいう典型的な「アラベスク」（片足立ち）、まさしく「瀕死の白鳥」の一シーンを実演してくれたようだった。この鳥たちは私の気持ちを察してくれている、と彼女は親しみを新たにする。

お家芸「白鳥」めぐって、マイヤをしばしば悩ませる質問をいま一つ。「これまで何回踊ったのか」。数えてもいないし、答えようがない。アンコール、カーテンコールでさわりを繰り返し演じることもしばしばだったから。

彼女がボリショイで踊ったのは、もちろん「白鳥」だけではない。長く続いた全盛期、この劇場伝統の古典バレエの多くで主役を演じた。だがやがて、お決まりのレパートリーを繰り返し踊るだけでいいのか、という疑問をもつようになる。「白鳥の湖」、「眠れる森の美女」、「くるみ割り人形」など、いつもはんで押したようなボリショイ・レパートリー。それはもちろん大切にしなければならない伝統だが、バレエの世界にはもっと広い可能性があるはずだ。自分が本当に踊りたいバレエを自ら作ってみたい。でも頭の固い文化官僚たちがそんな試みを許してくれるだろうか。前途に、次なる闘いが待っていた。

アンドロポフ議長下のKGB

マイヤの地位はひところより安定し、待遇もプリマ・バレリーナとしてのものに改善された。クレムリン当局としても、いまやソヴィエト芸術の広告塔であり貴重な外貨の稼ぎ手でもある彼女を冷遇するわけにはいかなくなっていた。では彼女に付きまとっていたKGBの影は消えたのか。そうではなかった。シチェドリンと結婚した一九五八年暮れから まる十五年暮らしたクツーゾフ大通りのアパートの寝室には、いつの間にか盗聴器が仕掛けられていた。この事実は、先に紹介したピトブラーノフKGB副議長が退役後、ゴルバチョフ時代になってから新聞紙上で明らかにした。

一九六七年五月、セミチャストヌイに代わってユーリー・アンドロポフが第四代のKGB議長に就任した。以後十五年間このポストを占め、ブレジネフの死後、共産党書記長の座につくこの人物は、ソヴィエト・ロシアの歴代最高指導者のなかで最も鋭い知性の持ち主ではなかったかと思う。自ら詩を書く繊細さも持ち合わせていた。

意外にもマイヤ自伝は、アンドロポフには一切言及していない。KGBの存在は、彼女にとって以前ほど煩わしくは感じられなくなっていたのか。この時期、文化芸術関係者の出国許可権はKGBから文化省当局に移された。次節で述べる女性文化相、エカテリーナ・フルツェワがアンドロポフの承諾をとりつけたのである。

アンドロポフはソ連軍の戦車が蹂躙したハンガリー動乱(一九五六年)当時の現地大使だった。その後共産党中央委員会で書記にまで昇進し、そこからのKGB転進であった。そうした経歴から西側の観察者たちは、彼をソ連タカ派の巨魁ときめつけがちだったが、それほど単純な人物ではなかった。確かにマルクス・レーニン主義とソヴィエト体制の正当性を固く信じ、これを脅かす異論派知識人らへの取締りに辣腕を振るった。ただし、スターリン流の暴力とは異なるやり方で。

実は彼自身、地方共和国の書記だった若いころ、スターリン粛清の犠牲者になりかけた過去があった。スターリン晩年の今一つの怪事件「レニングラード事件」(一九四九年)への関与を疑われたのだ。スターリン側近たちの権力争いが絡んで、レニングラードを拠点とする大物政治家が何人も処刑された。「レニングラード派のホープ」とされたコスイギンは「首の皮一枚のピンチ」を辛うじて切り抜けた。アンドロポフは元々無関係であったし、助けてくれる上司がいてなんとか難を免れた。KGBの議長になってから極秘とされてきた一件記録を取り寄せては読み、あの時代の弾圧がどれほど乱暴で、理不尽なものであったかを思い知らされる。そんなことが許される時代ではない、と悟ったのであろう。

異論派の封じ込めにあたって彼の時代のＫＧＢが多用したのは「予防措置」であった。いきなりの逮捕、裁判ではなく、まずは周辺情報の収集、ビラや地下文書の押収、警告、従わねば職場からの追放、ときに精神病院に送っての「治療」、さらには市民権剥奪、国外追放……、と手順を踏む。作家ソルジェニーツィンの国外追放（七四年）はその代表例であった。

西側世界から見れば「言語道断の人権弾圧」であることには変わりない。しかし、有無を言わせず人命を奪った旧内務人民委員部の非道に比べるなら、それなりの「進化」ではあったのだろう。こうした対応は、「思想、表現、出版の自由」を求めて抵抗する知識人と、一般民衆を切り離すことにひとまず成功していた、といっていい。

折から一九七〇年代デタント（緊張緩和）の時代。七三年にはブレジネフ書記長が訪米して第一次戦略兵器制限条約（ＳＡＬＴ１）を締結、二年後には米国、カナダを含む東西欧州三五ヶ国の首脳がフィンランドの首都に集まって「思想、良心、宗教、信条の自由」をうたったヘルシンキ宣言を採択した。異論派取締りの「ソフト化」は、そうした時代状況への対応でもあったろう。

その間にも経済の低迷は続きソ連型管理システムの行く手に黄信号が点滅し始めていたのだが、政治指導者も国民も安閑としていた。デタントを背に急伸する東西貿易のおかげで、思いがけない「ボーナス」が転がり込んだ。突発したアラブ石油危機により膨れ上がったオイルマネーである。石油・ガスの大輸出国ソ連が手にしたのは総額千七百億ドル(推定)。それを用いて穀物、食肉でも消費財でも西側世界から調達できたから、ブレジネフ政権はぼろをださずにいられた。国民の間になお不満は絶えなかったが、表立って体制に反抗しない限りまずは平穏な暮らしができた。革命、内戦、粛清、そして対独戦争……うち続く激変のなかでもみくちゃにされてきたソヴィエト民衆が史上初めて経験する「小市民的安定」、それが一九七〇年代末までのソ連の姿であった。

しかしマイヤは、そんな「ぬるま湯」ムードに安住する女性ではなかった。

文化相フルツェワ vs「カルメン」マイヤ

出自からくる壁を実力で乗り越えたマイヤにとって新たな挑戦は「カルメン」(メリメ原

作、ビゼー作曲）のバレエ化から始まった。いつの日かボリショイを舞台にカルメンを踊る。早い時期から彼女の内奥に兆し、時とともに膨らんでいた夢であった。世間体にとらわれることなく奔放に生き、言い寄る男たちを狂わせ、しかし真実の愛を求め続ける情熱のロマ（ジプシー）の娘。そんなカルメンに、闘う自分の人生と重なり合うものを感じたのだ。

一九六四年、思い立って自ら「あらすじ」をつくり、懇意にしていたショスタコーヴィチにそのバレエ音楽化を依頼した。彼も乗り気になって着手したのだが、結局放棄した。「ビゼーが怖い」、広く親しまれているビゼーの曲を超える作品は自分には無理、というのであった。

頓挫しかけたカルメンへの思いを新たにさせたのは、六六年のキューバ国立バレエのモスクワ公演だった。マイヤには衝撃であった。なんという斬新な演出だろう。これぞカルメンの言葉、カルメンの世界だ。振り付けはアルベルト・アロンソ。幕が下りるや楽屋を訪ねて彼の協力をとりつけた。

翌朝にはアポもなくフルツェワ文化相の執務室に駆け込んだ。カルメンのバレエ化と、いったん帰国するアロンソの再招請を認めてもらうために。滞在費はマイヤ持ち。レーニン賞に輝くマイヤの頼みは受け入れられた。

アロンソ再訪ソはやがて実現し、モスクワで彼は独自のカルメン創りに乗り出す。ではビゼー曲はどうするか。ショスタコーヴィチに代わってシチェドリンが急きょ引き受け、「ビゼーとの共作」という形でいまも上演される「カルメン組曲」が仕上がった。

苦心の末に生まれた創作バレエ「カルメン組曲」（一幕四場）であったが、初演（一九六七年四月二十日）の評判は芳しくなかった。ショスタコーヴィチら一部の人たちからは熱い支持が寄せられたが、ボリショイ伝統の古典バレエに慣れた観客には新奇に過ぎると映ったようだった。何よりの打撃は、バレエ化に便宜を図ってくれたフルツェワから上演中止、演目変更を申し渡されたことだった。彼女はこう酷評したのである。

「未熟でエロティシズムばかり目立つ。私たちのイデオロギーに沿わぬ内容です。あなたのカルメン組曲に未来はありません。死んだと同然です」。

さすがのマイヤも一歩後退、扇情的とされた場面をカット、手直しすることでなんとか上演継続を認めてもらった。こうして公演を重ねるうちに観客の理解も得られ、ボリショイの人気レパートリーの一つになっていくが、フルツェワの厳しい評価は覆せなかった。

カナダの興行主から「ボリショイ・カナダ公演にカルメン組曲を」と申し入れがあったのに断固反対、「海外の観客にまでこんなものを見せるわけにはいきません。ボリショイの顔はあくまで白鳥の湖です」。マイヤは反発し、カナダ公演そのものへの参加を拒否。「プリセツカヤのカルメン」を目玉にしようとしたカナダの興行主は巨額の損失を被ったという。

六八年のある日、コスイギン首相が、国内限りとなっていた「カルメン組曲」公演を見にボリショイ来て、終演後、特別席から拍手を送ってくれた。この拍手によって風向きが変わった。「ほら、ご覧なさい。私たちが薦めて手直ししたおかげで良くなったのですよ」とフルツェワ。以後、外国公演への持ち出しもＯＫとなる。マイヤもしたたかである。次のロンドン公演の際に、以前カットした場面もちゃっかり復活させてしまう。

そこまでこだわるカルメンとは、マイヤにとって何であったのか。『十三年後』で紹介されたいま一つのエピソードを見よう。

「あなたはご自分を何の化身だと思っていますか。白鳥？　それともカルメン？」と、あるジャーナリストから問われ、考えた末に答えた。「どちらかを選べというならカルメンね」。多難だった自分の人生と、破滅覚悟で思うがまま生きるカルメンはどこか似たところがある。白鳥はあくまで美しい絵であり彫像であるにすぎない。カルメンは既成のモラルの転覆であり伝統への挑戦，革新である。マイヤはそう考えたのである。

現役を退くまでに彼女はボリショイ劇場でアロンソ版「カルメン組曲」を一三〇回余り舞った。その後スウェーデン、オーストリアなどの何人もの振付家が、それぞれの意匠を凝らした「カルメン組曲」を案出し、いまや世界的な人気レパートリーとなった。そういう状況を踏まえてマイヤは思う。「エカテリーナ（フルッェワ）、勝ったのは私のほうよ」と。かつてのフルツェワの宣告「あなたのカルメンは死んだと同然」を思い起こしてのことである。

といってフルツェワを嫌っていたわけではない。気さくな人柄で、よく話を聞いてくれたし、「カルメン組曲」は何より彼女の協力から生まれた。元々は一介の紡織労働者。コムソモールや党活動で頭角を現し、その有能さをフルシチョフに認められて女性初の政治局員にまで取り立てられた。一九六〇年から十四年間務めた文化相は降格人事であったが、このポストが水にあったらしく、いくつもの記念碑的な文化事業を興した。その辣腕ぶりから「エカテリーナ三世」と揶揄されることもあったが、反面「歴代最優秀の文化相」と慕う文化関係者も少なくない。一九七四年十月、六三歳で死去、自宅アパートでの自殺だった。原因ははっきりしていない。マイヤには愛憎半ばする、忘れえぬ人であったはずだ。

なぜ亡命しなかったのか

一九八〇年二月初め、叔母ミータが東京から米国に亡命した。かつて両親を奪われ、孤児院送りになりかけたマイヤを養女として引き取りバレエへの夢をつないでくれた、あのミータである。ボリショイの現役を退いたあとバレエ教師として活躍、一九六〇年代からたびたび日本を訪れて踊り手を育てた。亡命する前年秋にも来日、そのまま東京でチャイコフスキー記念バレエ団の指導に当たっていた。同じくボリショイのダンサーになっていた息子ミハイルの来日公演を待って、ともども米国大使館に駆け込んだのだ。

彼女は外務省係官の事情聴取に語っている。「ソ連の芸術、創作活動は絶望的。すべてが文化省の統制下におかれ、西側からバレエ指導に招かれても、なかなか許しが出ない。

自由が欲しい」

マイヤ自伝は叔母の亡命をほぼ一行で片付けている。いつの頃からか、二人の関係は冷え始めていたらしい。自立心旺盛なマイヤにとって、いつまでも「保護者気分」で指図するミータがうっとうしくなっていたようだ。だが、その亡命には衝撃を受けなかったはずはない。ミータが東京で語った悩みは彼女自身のものでもあったからである。

たぐいまれな戦闘力を発揮して「カルメン組曲」を認めさせることには成功した。しかし、さらなる新境地を求めて創作に挑むマイヤと、それを「ロシア古典の伝統」や「社会主義リアリズム」の枠内に封じ込めようとする文化官僚たちとの闘いに、終わりはなかった。やはりバレエ化を実現した「かもめ」、「子犬を連れた貴婦人」（ともにチェーホフ作）、「アンナ・カレーニナ」（レフ・トルストイ作）は、どれもが歴代ボリショイ総裁や文化省高官たちとの度重なる悶着を経てのものだった。

私が会った八三年も、マイヤは新たな闘いのさなかにあった。ローマ・オペラ座から「芸術監督として招きたい。打ち合わせに来てほしい」と声がかかったのだが、出国許可権を握る文化省の次官が彼女にとっての「天敵」ゲオルギー・イワノフだった。かつてのボリショイ総裁。マイヤが西欧に出て振付界の巨匠モーリス・ベジャールらと交流しようとするたびにじゃまだてした。案の定、嫌がらせが続いて一年半を空費、あげくに文化省が示した条件は過酷そのものだった。「滞在は年に九十日、日当十八ドル、一年分のギャラをソ連に先払い」。断らせようという無理難題であった。それでも受けて出国、延一年半ローマに滞在して自ら振りつけた「ライモンダ」（グラズノフ作曲）などの上演を成功させる。ミータが亡命を決意したのも、この種の心労に疲れたからに違いない。

マイヤも実は仲間から「一緒に亡命しよう」と誘われていた。ボリショイでマイヤとペアを組んでいた男性スター、アレクサンドル・ゴドノフから。彼はミータ亡命の前年に男女二人のボリショイ団員を道連れに米国に亡命したが、それ以前からマイヤにも声をかけていたのである。でも行動をともにしなかった。なぜか。

五九年の初めての訪米で、長く教え込まれてきたことの嘘に早くも気づいた。アメリカ人は囚人ではなく自由人であり、絶えず監視や尾行を受ける自分たちこそが囚人なのだ、と。彼女を一躍スターダムに押し上げたその全米公演の間も、一人だけでの街歩きはご法度、ホテル隣室に陣取るKGB要員から絶えず見張られた。「籠の鳥」であることに変わりなかった。だからといって、すぐに政治亡命を求めるとは限らない。やはり恐怖が先に立つ。モスクワには母ラヒリがいる。愛するシチェドリンがいる。そういう身内が責任を取らされることになる。亡命先でも付け狙われ事故を装って怪我を負わされたり殺されたり。そうした例は、スターリン時代以来、数々あった。スターリン圧政の残した「恐怖のくびき」になお繋がれているような、本能的な怯えであった。

でも、ソ連を棄てがたくする別の理由も、彼女にはあった。祖国への、そこに暮らす人々への愛着である。何より、自分を育ててくれたボリショイの舞台。彼女の脚はそのすみずみまでを知り尽くし、そこでの彼女の跳躍は世界のどの舞台よりも高く、伸びやかに、しかもぴたりと決まる。それを熱烈な歓呼で迎える名も無き民。なけなしの給料をはたき、長い行列に並んでようやく手に入れた切符を手に、日々自分を見に来てくれるあの人たちを裏切るわけにはいかない。彼女は感動に生きる女性であった。

それにボリショイ・ナンバーワンの座。人も羨む境遇にあった。クレムリン宮殿などでのレセプションでは、フルシチョフ、モロトフ、ブルガーニン、ブレジネフらが近づいてきて彼女と話したがった。ブレジネフなどは帰途、「自宅まで送りましょう」と彼女を高官専用車に押し込むほどの「親切」ぶりだった。「雲の上」の存在だった権力者たちと会う機会にたびたび恵まれたのも、普通なら受け入れられるはずもない創作バレエを実現できたのも、世界的名声という背景があったからである。そうした事情もまた、彼女を祖国につなぎ止める上で一定の効果はあっただろう。

第6章　さようなら、ボリショイ

芸術監督グリゴローヴィチとの確執

一九九〇年一月四日。この日の公演を最後にマイヤは半世紀近くに及んだボリショイ人生に別れを告げた。終演を飾る出しものは「子犬を連れた貴婦人」。モスクワで仕事に追われる小役人の夫との暮らしに満たされぬ思いを抱きつつ、独り保養地ヤルタでひと夏をすごす慎ましやかな人妻アンナ・セルゲーエヴナ。彼女の道ならぬ恋と別れを描いたチェーホフ珠玉の佳品である。魔性の女カルメンとは対照的な役柄だが、これまたマイヤが是非にとバレエ化を望み、シチェドリンの曲を得て実現させたものだった。

舞台衣装はパリ・ファッション界の革命児、ピエール・カルダン。マイヤを賛美する一人で、一九八五年ボリショイ初演のこの作品の前にも、彼女に乞われて「アンナ・カレーニナ」（初演一九七二年）、「かもめ」（同八〇年）のバレエ衣装を担当していた。ロシア・バレエの伝統からは思いも及ばぬカルダン衣装の斬新さは、残されている映像をみていただくほかかない。

長く親しんだボリショイの舞台をマイヤが去らねばならなかったのは、芸術総監督ユーリー・グリゴローヴィチとの長年の確執が原因だった。

グリゴローヴィチもまた、戦後ボリショイ・バレエに黄金時代をもたらした大振付家である。レニングラード・キーロフ（現マリインスキー）劇場でのダイナミックな演出が評判となって一九六四年モスクワ・ボリショイに芸術総監督として招かれたのだが、この移籍にはマイヤが大きく関わっていた。彼女の末弟で、やはりバレエの道に進んだアザーリが、自身の回想記でその経緯を紹介している。

グリゴローヴィチ演出による「愛の伝説」（トルコ詩人、ナズム・ヒクメット作、アリフ・メリコフ作曲）がレニングラードで大当たりしていた六〇年代初め、文化相フルツェワがマイヤを呼んでこう尋ねたのだという。

「あの作品をあなたが踊りたければ、グリゴローヴィチをモスクワに移しましょう。踊る気がないなら、彼はこのままレニングラードに残ってもらいます」。マイヤも彼の演出に魅せられていて、即座にOKした。

グリゴローヴィチは以来三十年もボリショイのバレエ総監督として君臨し、数々の話題作を送り出した。私も特派員時代に彼の振付の最高傑作とされる「スパルターク」（ハチャトゥリャン作曲）をボリショイで見て、これは尋常でない演出だと感じた。次から次へと繰りだす男性群舞による戦闘や凱旋場面の勇壮さ、反乱奴隷を率いるローマ剣闘士と、解放された女奴隷（元妻）との再会、そして別れの悲しさ。動と静の交錯が豪華絢爛《けんらん》とした舞台装置と相まって、心揺さぶる鬼才の作品であった。

アザーリの回想によると、この芸術監督とマイヤとの仲違いは、ちょっとした感情の行き違いから始まって意地の張り合いとなり、ついには互いのバレエ芸術観の衝突にまでいたった。グリゴローヴィチは、古典バレエに新風を吹き込む改版に見るべき成果を収めたけれど、マイヤの求める新境地の開拓には不熱心だった。彼女が振付分野にまで踏み込んだのは、その空白を埋めたかったからでもあった。シチェドリンという頼もしいバレエ作曲家を得て、グリゴローヴィチに頼る必要もなくなっていた。

自分が独占的に仕切ってきたレパートリーにマイヤが参入してきたことがグリゴローヴィチをなおのこと苛立たせたらしい。自作でのマイヤの出番を減らして若手を登用、憤慨した彼女はこの芸術総監督を「独裁者」「小スターリン」と呼ぶまでに対立は深まる。

一九八八年、グリゴローヴィチは勝負に出た。マイヤを含む古参のスター六人に現役を引退し年金暮らしに入るよう勧告したのだ。「バレエは若者たちのもの」という立場からであった。この時マイヤは六三歳、とうに年金年齢には達してはいた。しかし、容姿も芸も人気も衰えを見せておらず、なお意欲に溢れていた。同時に「お払い箱」にされたのはウラジミール・ワシリエフ、エカテリーナ・マクシモワら、マイヤに組みして芸術監督の専横を批判していたスターたち。ともにボリショイ黄金期をつくった功労者たちとの確執は長く尾を引き、疲れ果てたグリゴローヴィチもまた九五年にボリショイを去るにいたる。

この間の八五年三月、ミハイル・ゴルバチョフがソ連共産党書記長の座につき、「ペレストロイカ（立て直し）」として知られる体制改革に乗り出した。柱の一つとされた「グラスノスチ（公開）」は、当のゴルバチョフの思惑をさえ超えてメディアを勢いづかせ、スターリン時代の旧悪を次々に報じるようになった。マイヤにも歓迎すべきことだったろう。しかし、彼女のゴルバチョフ評価は、総じて厳しかった。その当否を一々論じる紙数はないが、マイヤが何より許せなかったのは、書記長夫人ライサが文化政策にまで口出しするようになってグリゴローヴィチを甘やかしたこと。「あなたの気に入らない人は解雇していいわよ」と彼にお墨付きを与えたのだという。そのことをマイヤは一九九六年来日の際、「週刊文春」でのインタビューに答えて語っている。根拠のないことを話す人ではない。そういう言動がライサに見られたのだろう。

ミュンヘンで知った「八月クーデター」

ボリショイでの出番は減ってもマイヤは多忙だった。一九八八年、スペイン文化省の依頼で国立バレエ団の芸術監督を引き受けることになり、仕事の場をマドリードに移した。シチェドリンとはしばらく別居。三年にわたって「カルメン組曲」ほか数々の作品を演出し、自らも踊った。モーリス・ベジャール、ローラン・プティら世界的な振付家たちも、マイヤの応援に駆けつけて指導を分担した。彼女の努力は認められ九一年、スペイン王室から同国最高の栄誉勲章を受けた。自伝『私はマイヤ・プリセツカヤ』を書き始めたのは、このスペイン滞在中のことだった。

スペインでの仕事が終わりに近づいたころ、新たな住まいをドイツ・バイエルンの州都ミュンヘンに定めた。彼女はパリを望んだのだが、ドイツ音楽界との仕事を抱えたシチェドリンの都合を優先した。市の中心部に家具調度つき、三間のマンションを借り、結局そこが彼女の終の棲家となる。

彼女はメッセレル一族の故郷リトアニア・ビリニュスに近い観光都市トラカイの湖畔に、以前から別荘を持ち夏や冬をそこで過ごした。湖には毎夏、白鳥の群れが舞い下りた。氷結する冬にも、白鳥の一群が飛来して氷の上をよちよち歩きした。マイヤが近づいて餌をあげようとするので、シチェドリンはハラハラし通しだった。

その間にも祖国ソ連は揺れ続けていた。ペレストロイカ政策は物不足、物価高など経済の悪化と、自立、主権を目指す民族共和国の反乱とによって立ち往生し、事実上の連邦解体の様相さえ見せ始めた。大統領コルバチョフは連邦の枠組みを守る最後の一手として地方共和国の自主権を大幅に認める新連邦条約を打ち出した。バルト三国やグルジア（現ジョージア）は応じなかったが、それでも大方の共和国の同意とりつけに成功、その新条約の調印を翌日に控えた一九九一年八月十九日朝のことだった。共産党・軍部保守派によるクーデターが突発した。新条約が連邦崩壊につながることを彼らは危惧したのだ。ゴルバチョフはクリミアの保養先で軟禁状態におかれ世界中が騒然となった。

その朝、マイヤとシチェドリンは、米国旅行からミュンヘンに戻ったところで、空港で拾ったタクシーのラジオ放送で事件を知った。シチェドリンはドイツ語に堪能だった。ロシア共和国の大統領になっていたボリス・エリツィンらの果敢な反撃によって、クーデター勢力が倒されるまでの三日間、マイヤはラジオにかじりつき、モスクワからの新しい情報を追いかけた。

私事になるが、当時は朝日新聞東京本社の論説委員だった。風雲急を告げるソ連東欧の実情に触れようと、バルト三国の一つ、ラトヴィアの首都リガに出張していてこのクーデターに遭遇した。八月十九日早朝、携帯ラジオのロシア語放送にクーデター派の布告なるものが流れた。「ゴルバチョフは辞任、大統領職は副大統領が代行する。向こう六ヶ月間、全土に戒厳令を敷く」という内容だった。瞬間的に、これはクーデターだ、と確信しすぐに行動を起こした。

モスクワ支局、東京本社との電話連絡を済ませて街に出た。中心部の広場では多くの市民が集まって抗議の声をあげていた。広場に近い地元放送局がクーデター部隊に襲われ、死傷者が出たのだという。その人たちを、低空飛行の武装ヘリが威嚇していた。歴史の古い建築物が残る旧市街では、そこの石畳を揺るがせて戦車、装甲車が疾走し、それを市民たちが呆然として見つめていた。戦場はモスクワだけではなかったのである。

ソヴィエト社会主義共和国連邦の崩壊、消滅は、それからわずか四ヶ月後のことだった。一九九一年十二月二五日夕、クレムリンに翻っていた赤地に「星と槌と鎌」の国旗が下ろされ、代わって白青赤のロシア三色旗が掲げられた。七四年間にわたって存続し、マイヤ一家を含め、夥《おびただ》しい数の人々の運命を支配してきたこの共産党独裁国家の終焉を、彼女はどのような思いで受け止めたのか。自伝ではとくに言及されていない。八月クーデター挫折の時点で、その運命を見切っていたのかもしれない。

エピローグ　栄光と心労の晩年

二〇〇一年九月十一日朝、マイヤとシチェドリンは大西洋上を米国に飛ぶ旅客機の機中にあった。ミュンヘンを発ってもう七時間半、目的地ワシントンに向けて下降を始めてまもなく、旅客機はがくんと急落下した。異様な衝撃。事故か、乗客たちがざわめき出したとき、機長からアナウンスがあった。「アメリカがテロリストに襲撃されました。ニューヨーク、ワシントン、ピッツバーグが襲われました」。あの同時多発テロ事件の波紋にマイヤたちも巻き込まれたのだった。

旅客機が着陸した先は、カナダ・ハリファックスのカナダ海軍基地。そこで四昼夜も過ごしたあと、ようやくニューヨークに飛べた。このときの訪米では、夫妻それぞれに仕事を抱えていた。シチェドリンは新作「ロリータ組曲」のピッツバーグ交響楽団による演奏に立ち会うため、マイヤは刊行されたばかりの「自伝」英訳版のお披露目パーティーに出るため、であった。ニューヨークの通りにはなお高層ビル崩壊の硝煙が漂っていたが、パーティーは、予定通り九月十六日に開かれ、招かれたすべての人々がやってきた。ただ会場は、当初予定の高層ビル内の使用が禁じられ、近くのロシア・レストランに変更されていたけれど。

自伝『私はマイヤ・プリセツカヤ』の邦訳版が出たのは一九九六年だったから、英語訳より早かったことになる。マイヤに関心を寄せるファンが、わけても日本で多いことの証左と言えるかもしれない。ともかくも自伝は、この両語版を含め、これまでに十一ヶ国語に翻訳され、世界のバレエファンの共有財産の一つになった。

祖国ロシアも彼女を忘れてはいなかった。サヨナラ公演から二年余りの九二年三月、マイヤは再び古巣ボリショイの舞台に立ち、「瀕死の白鳥」を踊った。七八年に市民権を剥奪されたガリーナ・ヴィシネフスカヤの十四年ぶりの帰国を祝うコンサートへの友情出演であった。さらにあくる九三年十月、こんどはマイヤ自身のための記念コンサートがボリショイで開かれた。この年が彼女のボリショイ入団から五十年目にあたるのを記念してロシア文化省とボリショイ劇場とで用意してくれた催しであった。マイヤは「カルメン組曲」と「瀕死の白鳥」を舞い、年齢を感じさせぬ切れ味を首都のファンたちに改めて印象づけた。

モスクワをライバル視するサンクトペテルブルグ（旧レニングラード）もマイヤを放ってはおかなかった。同じ九三年、当時の市長、アナトリー・サプチャクから「私のところであなたのイベントをやりませんか」という打診があった。紆余曲折を経て、翌九四年八月、第一回「マイヤ・プリセツカヤ国際バレエ・コンクール」となって実現した。審査委員長（終身）はマイヤ、審査員の人選は委員長権限。ここでも彼女の抜群の知名度がものをいい、世界のバレエ界のトップスターたちが審査員として馳せ参じた。なかに日本を代表するプリマ・バレリーナ、森下洋子も。彼女をマイヤはかねてから高く評価し、訪日公演の際、稽古場まで出向いて「白鳥の湖」の舞い方を指導したこともあった。コンクールは定着し、「マイヤ96」「マイヤ98」と回を重ねていく。

サンクトペテルブルグ。フィンランド湾に注ぐネヴァ川のほとりにピョートル大帝が新たな都を築き上げたのが一七〇三年。西欧の技術文明を取り入れる窓口に、という目論見がそこにあった。エカテリーナ二世の時代には、西欧の啓蒙思想に惹かれるこの女帝の下で文学や演劇が花開いた。民衆教化のためにと女帝自らが風刺劇や民話を書くという力の入れようだった。ソ連時代、政治ではモスクワの下風に立たされたけれど、音楽、バレエなどは見劣りせず、つねにモスクワと張り合った。バレエ教師たちのうちマイヤが真に師と仰いだのは、レニングラード・バレエのかつての名花、アグリッピーナ・ワガノワだった。フルシチョフの政権が西側への文化外交攻勢を強めるにあたって、ボリショイと並ぶ二枚看板として送り出したのが、エフゲニー・ムラヴィンスキー指揮するレニングラード交響楽団であった。そういう古都の矜持が、この国際コンクール実現の裏にはあった。

マイヤにとって、感慨ひとしおであっただろう。この街は、父母を連れ去られた彼女をたびたび呼び寄せて親切にしてくれた父方の祖母「バブリ」（マイヤはそう呼んでいた）や叔父、叔母ら親族が暮らしたところでもある。思い出深いこの街で、自分の名前を冠した国際コンクールが開かれ、世界バレエ界の著名人や有望な若手ダンサーたちが参集する。かつて想像もしていなかった展開だったろう。

『十二年後』で書かれているのは、そういう輝かしい思い出ばかりではない。名声を悪用、盗用されて苦しめられた体験の数々もまた隠さずに綴っている。

まず、「隠し子」騒ぎ。一九九九年一月、新聞『モスコーフスキー・コムソモーレッツ』が「プリセツカヤに隠し子がいた」という記事を大々的に掲載した。イスラエルでバレエを学んでいるグラゴフスカヤという娘が「母はマイヤ・プリセツカヤ。彼女とKGB大佐との間に生まれた」と名乗り出た、という同紙ロンドン特派員の署名入りの記事であった。若い頃のマイヤによく似た娘で、この女性に乞われてロンドンで会ったミータまでが、事実かもしれないと思い込んだようだった。だが、まったくの作り話。マイヤに反証材料はいくらでもあったが、相手もしたたか。記者と新聞社を相手どって訴えを起こすしかなかった。裁判は遅々としてはかどらず、勝訴を勝ちとって、さらに新聞に記事の取消公告と編集長名の謝罪文を掲載させるまでに三年余、心休まらぬ日々を過ごさねばならなかった。

いま一つは「偽ブランド」騒動。本人のまったく知らぬ間に、「マイヤ・プリセツカヤ」名称のバレエ学校があちこちに出現したり、「マイヤ・プリセツカヤ」と銘打った薬用クリームが広く売り出されたり、と怪事件が相次ぎ起こった。二〇〇〇年代初めの数年間にわたって。Tという旧知の興行主に欺かれたのだ。

彼もボリショイのダンサーであったが、ソ連崩壊前後の混乱期に解雇された。市場経済化が荒々しく進むなかで、同様に失職し路頭に迷う踊り手が相次いでいた。一九九四年、Tはそういうダンサーたち四十人を集めて「帝室ロシアバレエ団」なるものを立ち上げ、マイヤをその名誉総裁に担いだ。マイヤもまたボリショイを追われた身ではあったし、仲間の助けになるならと名前を貸した。それがのちに裏目に出る。

二〇〇〇年の暮、Tは「バレエ好き」という一人の女性を伴ってマイヤを訪れ、「あなたの助けが要る。サインしてください」と委任状らしきものを差し出した。バレエ団がモスクワの中心部に劇場を確保するのに急ぎ必要、とのことだった。マイヤは疑うことなくサインに応じた。委任期間は「二年」。そこにトリックが仕掛けられていたのだ。カーボンコピーされた二枚目には「二年」の文字がなかった。Tはこのコピーを使って無断で「プリセツカヤの正式代理人」を名乗り、「マイヤ・ブランド」を国の内外に売り込んで法外な額の名義使用料を稼いでいたのである。

マイヤは怒った。バレエ団や学校から自分の名前を外すようTに求め、製薬企業には当該商品の製造、販売の禁止を申し入れた。だが相手側は「正当な文書がある」として譲らず、またしても裁判に持ち込まざるをえなくなった。法廷でのちにわかったことだが、T

がサインを頼む際に同伴した女性は、彼に抱き込まれた公証人だった。例のコピーはこの公証人の証明を経て公証文書の扱いにされていたのである。

この係争も長引き、『十三年後』を書き終える二〇〇六年にはまだ決着がついていなかった。しかし、この間にロシアの二つの新聞がマイヤの言い分を詳しく載せてくれた。それなりの社会的制裁をTは受けたことになる。

世界的スターであるがゆえに蒙らねばならなかった苦痛、心労はあったけれど、それを補ってあまりある喜びと栄光に彼女は恵まれ続けた。自伝続編には、自分を見守り、励ましてくれた内外すべての人たちへの深い感謝が表明されている。

晩年の日々、ミュンヘン市内を散策し、小さなカフェやレストランでビールのジョッキを手に談笑のひとときを楽しんだ。行きつけの店が二十数店。「ようこそ、マダム・シチェドリン」と店主に迎えられてご機嫌だった。サッカーの熱烈なファンで、ひいきチームの試合は欠かさず見に行った。

あすもまたサッカー見物、と楽しみにしていた夜、突然心臓に痛みを覚えた。重症の心筋梗塞の発作であった。苦痛に呻き続けること二日間、急に穏やかな表情に戻って枕元のシチェドリンに微笑んだ。「あなたを愛しているわ」が最期の言葉だった、という。七歳下の彼とマイヤは五七年間連れ添った。遺灰は、シチェドリンが亡くなった時、彼のそれと一緒にロシアの空から撒いて欲しい。それがマイヤの遺言であった。シチェドリンはもちろん、その約束を果たすつもりでいる。

参考文献

＊マイヤ・プリセツカヤ『闘う白鳥〜マイヤ・プリセツカヤ自伝』（山下健二訳、文藝春秋、一九九六年刊）。原題は **Я Майя Плисецкая**（『私はマイヤ・プリセツカヤ』、一九九四年刊）。

＊*Майя Плисецкая*, **Тринадцать лет спустя**, АСТ, 2007.（『十三年後』、二〇〇七年刊、未邦訳、右の続編にあたる。）原文は二つともロシア語版ウェブサイトで読むことができる。

マイヤの記述には時系列や事実関係の判然としないところがあり、それを検証し、さらに新たな関連データを得るため、ロシア語版のウェブ情報のうち出典のはっきりしているものを参照した。

参考にした和文文献も同様に多岐にわたる。そのなかで事実関係の確認、時代相の理解にとりわけ役にたったのは次の一点。

＊稲子恒夫編著『ロシアの20世紀〜年表・資料・分析』（東洋書店、二〇〇七年刊）。

高山 智（たかやま さとし）
1937年、新潟市生まれ。1961年、早稲田大学第一政治経済学部新聞学科卒業後、朝日新聞入社。1972年、ブルガリア国立ソフィア大学でロシア語研修。1978年から1983年までモスクワ特派員。帰国後、調査研究室を経て論説委員。退社後、2007年まで中部大学国際関係学部教授。著書に『モスクワ特派員』（朝日新聞社）、『転換期の日ソ関係』（教育社）、共著に『革命60年のソ連』、『ペレストロイカのソ連』（いずれも朝日新聞社）、『グローバル・クライシス』（風媒社）ほか。

ユーラシア文庫11
マイヤ・プリセツカヤ　闘う舞姫とその時代
2019年2月27日　初版第１刷発行

著　者　高山智

企画編集　ユーラシア研究所

発行人　島田進矢
発行所　株式会社 群 像 社
神奈川県横浜市南区中里1-9-31 〒232-0063
電話／FAX 045-270-5889　郵便振替　00150-4-547777
ホームページ　http://gunzosha.com
Eメール info@ gunzosha.com

印刷・製本　モリモト印刷

カバーデザイン　寺尾眞紀

ISBN978-4-903619-94-1

6 語り継ぐシベリア抑留　体験者から子と孫の世代へ
富田武・岩田悟 編著　日本の敗戦とともにソ連に連行された約60万人の日本人らは過酷な労働を強いられその間に多くの人命も失われた。帰国完了まで11年を要したシベリア抑留の現実を後世に伝えるために3世代の声で記憶の継承を試みる。

7 ロシア文学うら話
笠間啓治　プーシキンは決闘で死んでいない？ ロシアでもっとも女好きな詩人は？ トルストイとドストエフスキーが立小便をしながら交わした会話は？ 単なる噂や中傷か、あるいはこれこそ真実か。ロシア文学史にひそむ135のエピソード。

8 スロヴェニア　旧ユーゴの優等生
小山洋司　ユーゴスラヴィア連邦崩壊後の混乱からいち早く立ち直り最近では米国大統領夫人の祖国としても注目されたスロヴェニアが欧州の火薬庫バルカン半島のもとで生き延びてきた秘訣は何か。国際社会の荒波を乗り越えた小国の歴史と経済。

9 ロシアの女性誌　時代を映す女たち
高柳聡子　時代とともに教育の手段としてまた政治宣伝のメディアとして大きな役割を果たした女性誌。女性解放思想の普及や労働問題の告発といった社会派の記事からファッションなどの生活情報まで、女性誌だからこそ見えてくる社会の変化。

10 食の宝庫キルギス
先崎将弘　中央アジアの小国キルギスの遊牧民の食にスポットをあて、肉や畜乳の様々な加工技術をもとにした豊かな料理を紹介。古くから交流してきた定住民や少数民族の代表的な食文化も盛り込んで多民族国家キルギスの食の魅力を伝える。

税別900円

ユーラシア文庫

1 バイカルアザラシを追って　進化の謎に迫る

宮崎信之　ガラパゴス諸島に匹敵する「進化の博物館」と言われるシベリアのバイカル湖。未踏の研究分野とされてきたバイカルアザラシについての国際共同研究によって明らかになってきた淡水湖にすむアザラシの秘密に迫る。

2 正教会の祭と暦

クリメント北原史門　正教になじみのない人には祭の意味を知り参加することが一番の理解の近道という正教の司祭が十二大祭をはじめ主な宗教行事とその背景を分かりやすく解説。正教の基礎が理解できる充実の入門書。

3 ユダヤ人虐殺の森　リトアニアの少女マーシャの証言

清水陽子　ナチス・ドイツの侵攻後すぐに始まったリトアニアでのユダヤ人狩り。その残虐な人種殲滅には市民の積極的な参加もあった。ゲットーや収容所での体験をつづったユダヤ人少女の日記を軸に戦下のリトアニアの現実を追う。

4 日露皇室外交　1916年の大公訪日

バールィシェフ エドワルド　大正天皇の即位直後の日本と欧州大戦で武器調達を急ぐロシア双方の思惑を背景に実現したロシア皇族訪日の行程をたどり、歓迎ムードにつつまれた皇室外交の意味とその後の運命を明らかにする。

5 アゼルバイジャン　文明が交錯する「火の国」

廣瀬陽子　東西冷戦の時代もイスラーム教とキリスト教が対立する現在もその最前線にいつづけたアゼルバイジャン。石油と天然ガスによる経済発展、古い氏族政治と世襲政権で安定を実現しながらも常に衝突の危機をはらんでいる国を概説。

税別900円

「ユーラシア文庫」の刊行に寄せて

1989年1月、総合的なソ連研究を目的とした民間の研究所としてソビエト研究所が設立されました。当時、ソ連ではペレストロイカと呼ばれる改革が進行中で、日本でも日ソ関係の好転への期待を含め、その動向には大きな関心が寄せられました。しかし、ソ連の建て直しをめざしたペレストロイカは、その解体という結果をもたらすに至りました。

このような状況を受けて、1993年、ソビエト研究所はユーラシア研究所と改称しました。ユーラシア研究所は、主としてロシアをはじめ旧ソ連を構成していた諸国について、研究者の営みと市民とをつなぎながら、冷静でバランスのとれた認識を共有することを目的とした活動を行なっています。そのことこそが、この地域の人びととのあいだの相互理解と草の根の友好の土台をなすものと信じるからです。

このような志をもった研究所の活動の大きな柱のひとつが、2000年に刊行を開始した「ユーラシア・ブックレット」でした。政治・経済・社会・歴史から文化・芸術・スポーツなどにまで及ぶ幅広い分野にわたって、ユーラシア諸国についての信頼できる知識や情報をわかりやすく伝えることをモットーとした「ユーラシア・ブックレット」は、幸い多くの読者からの支持を受けながら、2015年に200号を迎えました。この間、新進の研究者や研究を職業とはしていない市民的書き手を発掘するという役割をもはたしてきました。

ユーラシア研究所は、ブックレットが200号に達したこの機会に、15年の歴史をひとまず閉じ、上記のような精神を受けつぎながら装いを新たにした「ユーラシア文庫」を刊行することにしました。この新シリーズが、ブックレットと同様、ユーラシア地域についての多面的で豊かな認識を日本社会に広める役割をはたすことができますよう、念じています。

ユーラシア研究所

EURASIA LIBRARY